和你的手一起思考

Thinking with Your Hands

Susan Goldin-Meadow

［美］苏珊·戈尔丁-梅多 著

崔航蔚 译

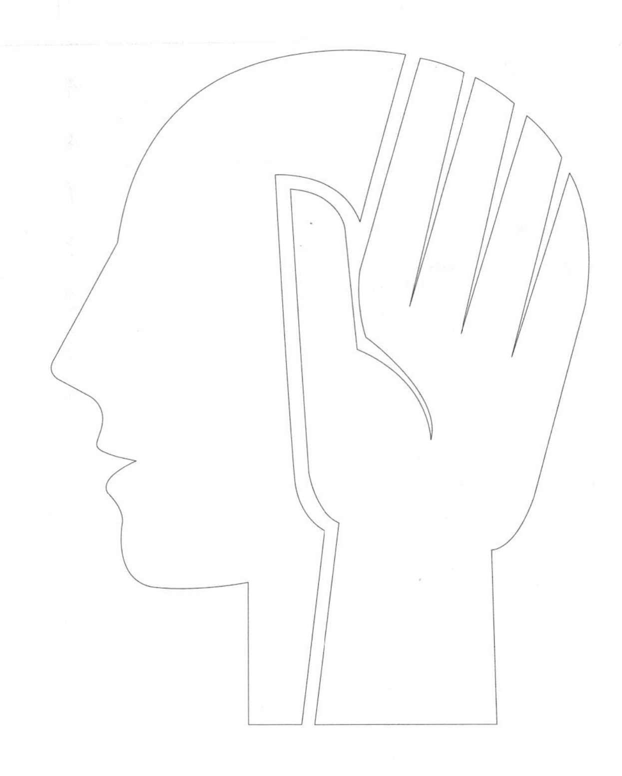

中信出版集团 | 北京

图书在版编目（CIP）数据

和你的手一起思考 /（美）苏珊 · 戈尔丁 – 梅多著；
崔航蔚译 . -- 北京：中信出版社，2024.3
书名原文：Thinking with Your Hands
ISBN 978–7–5217–6325–6

I. ①和… II. ①苏… ②崔… III. ①手势语－研究
IV. ① H026.3

中国国家版本馆 CIP 数据核字（2024）第 008853 号

和你的手一起思考
著者： ［美］苏珊 · 戈尔丁 – 梅多
译者： 崔航蔚
出版发行：中信出版集团股份有限公司
（北京市朝阳区东三环北路 27 号嘉铭中心 邮编 100020）
承印者： 三河市中晟雅豪印务有限公司

开本：880mm×1230mm 1/32 印张：9 字数：147 千字
版次：2024 年 3 月第 1 版 印次：2024 年 3 月第 1 次印刷
京权图字：01–2023–6202 书号：ISBN 978–7–5217–6325–6
定价：69.00 元

本书献给我已故的丈夫比尔，奉上我深深的爱和敬意。

他是我所知道的最优秀的手势学家，最体贴的丈夫、父亲、挚友、教练、老师、导师和医生，是我永远的另一半。

目 录

—— 前言 ——

我的手势研究之路

在电视剧《王冠》第四季中，即将成为王妃的戴安娜上了一堂简单扼要的皇家礼仪课，其中就包括说话时如何使用（或不使用）手势。老师用绳子捆住她的双手，并说道："手势会出卖我们焦虑、不安和愤怒的情绪，而我们最好不要让情绪外露。人要喜怒不形于色。"和很多人一样，戴安娜的老师相信，手势会泄露你的情感。[1]

我认同戴安娜的老师的观点。大量的非言语行为研究表明，手势确实能泄露你的情感。不仅如此，它还能揭露你的想法。它不仅能告诉全世界"你很生气"，还能给出可能的生气对象和原因，而且手势中所蕴含的想法有时并不会出现在你的话语中，就像下面这个例子。

有一天，澳大利亚昆士兰州的一个以古古·伊米德希尔语①为母语的人出海打鱼，他的船向西倾翻了。回到岸上后，他向围观群众讲述这次悲惨的经历。在讲到自己的船翻了时，他做出了一个双手滚离身体的动作。此刻，他恰好面向西，所以他的手势也是由东向西翻滚。两年后的另一个场合，别人请他再讲一遍这个故事，不过这次他是面向南而不是面向西。他又一次做出了那个翻滚手势，但此时他的手是从右向左翻滚的。也就是说，尽管很别扭，他还是做出了由东向西翻滚的手势。他从来没有明确地说过船是由东向西倾翻的，但也没必要了，因为他的手已经替他说了。[2]

这是一本关于我们说话时的手部动作——也就是手势——以及它们是如何反映我们的想法的书。礼仪专家艾米莉·博斯特告诉我们，要想成为好的说话者，我们可以用手来表达观点，但过多的手势会使人分心。在她看来，说话时应该伴有适当的手势，这取决于礼仪，而非你想说的内容。我认为艾米莉·博斯特对手势的理解是错误的：你的手势应取决于你所持有并想表达出来的观点，而非取决于礼仪。[3]

① 古古·伊米德希尔语：澳大利亚土著语言之一，使用者仅数百人。这一语言的最大特点之一是没有左右概念，只有具体方位概念，因此成为语言学研究的经典对象之一。——译者注

表达观点的一种方式是说出来，另一种方式是写下来。事实上，大多数人都认为语言是思想的基本要素。甚至有人说，有了语言才能有思想——尚未学会说话的孩子不会真正思考，不会语言的动物亦如此。我们将语言视为理解或误解彼此的介质。如果你想知道孩子是否在飞速成长、学生是否理解你所教的内容，或者同事是否真的赞同你的提案，那么你有可能会从他们说的话语中寻找答案。但是，正如我们将要看到的，孩子的手势可以告诉你他们是否走上了正轨，学生的手势可以告诉你你是否讲解透彻，同事的手势可以透露出他们不想说甚至不自知的想法。语言只是窥探你思想的所有窗口中的一扇，甚至不一定一直是最好的那扇。无论是口语还是手语，语言都是受规则支配的系统，它将信息打包，分门别类。手势的呈现形式更为集中和图像化，因此，我认为它为我们了解心智提供了一个与语言互补而不可或缺的有利视角。

我在本书中讲解的重点是你的手所隐藏的想法。你可能并不会意识到这些想法的存在，但它们确实在你的头脑中盘旋。可能有点儿出人意料（而且令人担忧），由于你的手暴露了这些想法，别人也能清楚地看到你的想法，所以人人都可以解读你的手所表达出的含义。这就意味着在我们说话时，另一种常被忽略的对话正暗流涌动。如果我们想和别人，甚至我们自己充分交流，就需要理解我们的手在做什么。

我认为只关注语言作为交流的基础是错误的。这种观点建立在对心智运转方式的片面理解上，妨碍了我们充分理解彼此和自我的能力。过去的50年里，我一直在研究人们做手势的方式和原因，这使我逐渐相信手势不仅仅会揭示我们对自己、听者以及双方对话的态度和感受，它还有助于对话本身。当戴安娜的老师绑住她的双手时，她不仅防止了戴安娜被双手“出卖”情感，也同样阻止了她表达自己的观点。

我们来以“疯狂三月”（美国大学体育总会一级联赛男篮锦标赛）为例。2022年3月20日，贡萨加队在迎战孟菲斯队的比赛中上半场落后，中场结束前，裁判判罚贡萨加队的德鲁·蒂米投篮犯规。蒂米的教练马克·福尤以一个皱眉的表情表达了他的不满。不过，真正让他惹上麻烦的是他的手势——一个直愣愣指向记分大屏幕的手势，此时屏幕上正在回放疑似的犯规动作。教练的手势将他的情绪和犯规联系了起来——尽管气愤可能显而易见，但这个手势明确表明教练认为这是一个误判，而且现在所有人都知道了。这个手势也给他招致一次技术犯规，同时也送给孟菲斯队几个额外罚球，并使分差进一步拉大。正如规则分析师、退休裁判吉恩·斯特拉托雷所言：“你本想进行一些口头交流……但你一旦开始用手势比画，这一视觉效果就会对比赛不利。”手势会反映你的心声，不露声色才是明智之举。

为什么我们明明有了语言却还要做手势呢？要解答这个问题，

首先我们要稍微了解一下我们思维的运转方式。想象一个所有语言形式（包括口语、手语、文字）都不复存在的世界，人们对这些语言概念一无所知，除此之外一切保持不变。如果你生活在这样一个世界，你依然会思考，但肯定不会用你的语言思考。那么，你要怎样表达自己的想法呢？

这听上去像是一个不可能开展的实验，但我的研究考查了一种更为极端的情况。如果你从未接触过语言，你还能表达吗？如果能够表达，那么这种表达会是什么样的？当然，我们不可能剥夺一个孩童接受语言输入的机会，那样有悖伦理。但是，我们可以利用所谓“自然实验”的情况，即由于复杂原因，一个孩子没有接触到语言输入的情况。比如，试想一个孩子的听力严重受损导致完全听不见，他因此无法学会其健听父母交流时所使用的口语。如果这个孩子从未接触过手语，那他也会缺乏可用的手语输入。那么，这个孩子会表达吗？

这个问题伴随我度过了早年在美国史密斯学院读本科的时光。史密斯学院位于美国马萨诸塞州的北安普敦，同一条街上还有克拉克聋哑学校。克拉克聋哑学校过去和现在都是专注于聋哑儿童输出和理解口语的一流学校。随着时间的推移，聋哑教育界逐渐意识到并不是所有聋哑儿童都具备学习口语的能力，目前学校正尝试甄别有可能成功学会口语的学生。但当我在史密斯学院读本科时，听说在克拉克学校上学的很多聋哑儿童都在这场艰难的尝试中失败了。我了解到，即使是课上难以使用口语的孩子，也可以用手势交流，这一点在我以教师的视角观察学生后得到了证实。没有接触过可用口语输入的孩子，是可以用手势来表达的。那么下一个问题是，这种表达方式和世界上其他语言是否足够互通，并可视作一门独立的语言呢？

在本科时期所见所闻的驱动下，我决定将我在宾夕法尼亚大学的研究生课题聚焦于语言及其发展方式。在宾夕法尼亚大学，我结识了莱拉·格莱特曼教授和同为研究生的海蒂·费尔德曼。她们对我的问题也很感兴趣，所以我们从接触聋哑社群自主学习手语开始进行研究，直到意识到我们想研究的儿童并不在聋哑社群中。我们想要研究的是不懂手语，甚至可能在自己的孩子出生前从未接触过聋哑人的健听父母所生的聋哑孩子。这些父母想让孩子学说话，但没有找到聋哑社群。

我们开始到本地使用口语教学的学校里寻找聋哑儿童（就像克拉克学校），询问我们能否观察一些学生。有6个聋哑儿童的健听父母允许我们进行录像，以记录孩子在家中和他们，以及和我们自然交流的情况。这些父母会和孩子说话——孩子听不见，因而也无从学起的语言。这些父母同样不会手语——孩子本可以学，但是从未接触过的语言。就像在“不可能情景”中假想的突然失语的成人一样，这些孩子被现代社会包围，却缺乏表达想法的途径。然而，请你想象，成人在所有语言消失前是曾拥有过语言的，而我们研究的孩子却从未拥有过语言。

我们发现，这些聋哑儿童都会和自己世界里的健听人士用手势沟通。这种手部动作被称为“家庭手语”（因为是在家里发明的），这些孩子被称为“家庭手语者”。所有的动物物种都有一定的交流方式——蜜蜂、蚂蚁和海豚会使用视觉、嗅觉和听觉彼此交流——所以，人类幼儿在困难重重的环境下依然能够与人交流，也就不足为奇了。[4]

关键问题在于，聋哑儿童用于表达的手部动作和人类语言是否相似。为了解决这个问题，我们将聋哑儿童和其他刚开始学习常规语言的儿童做了对比。彼时，几乎没有针对聋哑儿童向聋哑父母习得手语的研究，所以我们转为关注研究健听儿童向健听父母学习说话的过程。我们发现，聋哑儿童和健听儿童不仅交流的话题惊人相似，他们组织交流的方式也高度重合。聋哑儿童的家庭手语非常简单——他们毕竟是孩子——但是，家庭手语呈现出了许多人类口语或手语具备的特征。重要的是，家庭手语从视觉和动作上更接近手语，而非说话时伴随的手势。

有一种可能性或许会困扰你，因为它也曾困扰着我——可能是聋哑儿童的健听父母为跨越语言障碍而设计了家庭手语，他们的孩子只是模仿而已。如果是这样，那发明家庭手语的就是父母，而非孩子了。聋哑儿童学习家庭手语的唯一样板，便是他们的健听家人以及家人说话时的手势，即“伴语手势”。不过，有一点很重要，聋哑儿童的家庭手语看上去并不像他们父母的手势。我和同事们研究过来自多个国家（包括美国、中国、土耳其和尼加拉瓜）的聋哑儿童。他们彼此不认识，却做了同样的事：他们用手从零开始构造出一种语言，而不是从健听父母那里习得。聋哑儿童的家庭手语和其健听父母的手势之间的巨大差异突显了两点事实：第一，家庭手语系统是由聋哑儿童发明的，并非他们的健听父母；第二，家庭手语和伴语手势看上去并不一样。

家庭手语是什么样呢？可能有点儿像默剧。家庭手语者可以像表演默剧一样表达信息。就像下图所示，世界著名默剧大师马塞尔·马索模仿吃苹果的动作流畅连贯、惟妙惟肖，而默剧动作的目标便是复刻（甚至可能会夸大）拿起和吃掉苹果的实际动作。

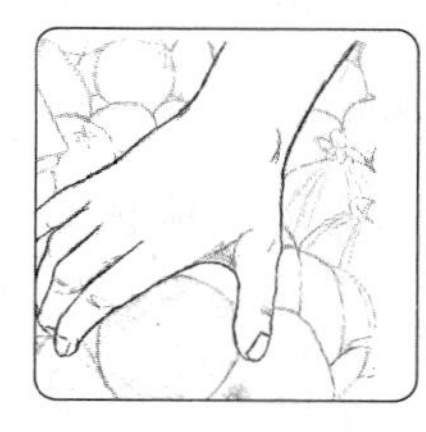

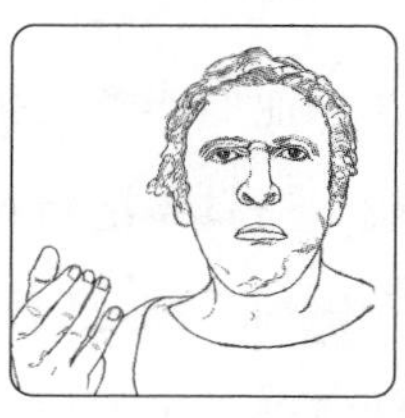

但是，家庭手语者并不会默剧，他们不会复刻做某事时的实际动作，而是将一个场景分成几段，再用手势将每一段串联起来。他们的手势看起来像一串不连续的动作，而不是一个不间断的动作。家庭手语会将“吃”作为最重要的信息，省略掉微不足道的细节，比如指向一个苹果，紧接着是一个“吃”的手势（送到嘴边时手指和拇指相碰）。下图描绘的是一个真实的家庭手语者做“吃”的手势，他当时手中正好拿着一个玩具锤，这就让他的手势因为锤子看起来不太像“吃”：用锤指着苹果；拿着锤做出“吃”的动作；用锤指着我，表示邀请我吃苹果。家庭手语更像是串珠子，而不是对着空气作画，在这方面它更接近手语，而不是默剧。

家庭手语是由没有接触过常规语言的儿童创造的，因此它揭示了儿童在没有语言可供学习时强加于交流的语言体系。研究家庭手语可以剥离语言传统的影响，那是经过几代人积累的语言变化，因此，我们得以更好地看到思维是如何构建语言的。过去，一些聋哑教育工作者认为，不能学会说话的全失聪儿童是无法思考的（彼时，这些教育工作者还没有将手语视为一种正经语言）。聋哑儿童发明的家庭手语清楚地证明了这种假设是错误的。家庭手语者不仅会思考，他们还会表达所想。家庭手语为我们提供了绝佳的证据，证明了人类为语言带来了思维属性。

但是，绝大多数人是用嘴说话的。当人们说话时，手会做什么呢？答案是做手势。家庭手语者将表达的重担全部交给了双手，并将其作为一种语言。与之相反，会说话的人会在使用语言的同时做手势并进行补充，也就是伴语手势。在你不能说话的情况下，对手势的需求比较好理解，但这依然不能解释为什么你在有语言的时候还要做手势。

我们前面已经证实，哪怕是对于从未见过他人做手势的人来说，伴语手势也经常是交流的一部分。先天失明的人说话时也会像有视力的人一样挥动自己的手。你不需要见过别人做手势，就可以自己做手势。无论是有声文化还是手语文化，手势都无处不在。手语者用手说话，而且他们的手语和有声语言具有相同的结构属性。和说话者一样，手语者也会在使用手语时做手势。这种“伴手语手势”在形式和功能上都与手语有着显著差别，却和伴语手势有许多共性。诸如此类的事实证明，尽管经常被忽视，但手势仍旧是一种普世的人类行为。这些事实也暗示语言本身可能无法表达出人类的全部思想。

语言的规则支配系统所涉及的类别使得表达某些类型的信息变得容易，甚至变得必要。比如，英语要求你使用与所指宾语数量相一致的动词形式。如果说：“鱼在游泳”（The fish is swimming)，那很明显你指的是一条鱼。但如果是“几条鱼在游泳”(The fish are swimming)，你指的就不只是一条鱼了。有多少条鱼在游泳可能与你们的对话无关，那也没什么，因为英语就是要你具体到究竟是一条鱼还是好几条鱼在游泳。

动词的单复数让表达数量信息变容易了，但它们没办法帮你表达其他类型的信息。这时，手势就登场了。如果你一边说“几条鱼在游泳”一边用食指画一个小圈，你想告诉听者的是这些鱼是在一个鱼缸里游泳。画一个大圈的手势可能暗示鱼是在大范围游泳，比如池塘里或者湖里。有些想法不能被整齐地灌装进语言的分装瓶，但手势可以帮你传达。

植入手势的观点会清楚地反映你的想法，但这些想法很少被识破，因为它们的沟通力对于说话者和倾听者都太过隐晦了。那些你不想用语言表达的想法、你不知道如何用语言表达的想法，或者你一般不想关注的想法，往往会从你的手部动作反映出来。而你不一定会因为用手表达了这些想法就被追究责任，因为我们认为主要的交流载体是语言，而非手势。

想象你有一个朋友，他真诚地告诉你他认为男性和女性都可以成为好的领导者，但当谈到男性领导力时，他把手比到了眼睛的高度，而谈到女性领导力时，手的位置下降了一点儿，只和嘴的位置齐平。他可能以为自己相信男性和女性的领导力是平等的，但手部动作出卖了他。在这个例子中，他不一定在设法隐藏自己的观点，你的朋友可能真的相信自己对男性和女性领导力平等持支持态度，而他的手展现出的非平等主义观点是内在的，连他自己都没有意识到。但是，他未说出口又无对证的想法已经公之于众了，包括那些指斥他的非平等主义观点的倾听者。他感觉受到冒犯，因为他说自己相信男性和女性都可以成为好的领导者。但倾听者发誓说自己听到他说了相反的话，而且并不清楚其中的原因。

在水门事件听证会上，目击证人咬定理查德·尼克松说了足以被定罪的话，但这些话并未出现在录音中，这引起了对证人证言的质疑。因为任何以手势“说”出来的犯罪行为都只能出现在视频中，不会出现在录音中。对于现场的人来说，对说或没说，是真是假的判断都是基于语言和手势的，而对于听录音的人来说，这些判断可能就不同了。你可能听说过，当尼克松第一次与约翰·F. 肯尼迪竞选美国总统时（尼克松最终败选），通过电视观看他们的总统辩论的人认为肯尼迪会赢，但听广播的人认为尼克松会赢。包含手势在内的非言语领域，会影响旁观者从演讲或对话中提取的信息。[5]

手势似乎确实可以对真相产生特别的影响。我之前的一个研究生艾米·富兰克林在她的毕业论文中让几个成年人描述动画片中关于翠迪鸟的片段。她要求他们如实描述其中 1/2 的剧情，并错误描述另外 1/2 的剧情，比如当猫跑向柱子时说“猫跳向柱子”。这些成年人都照做了，至少在口头上做到了错误描述画面。但是，他们的手势还是说了实话——他们说“跳”的时候都做出了“跑”的手势。[6]

有时候，是否说出口可能事关重大。即使你是一名训练有素的律师，你也可能并不会意识到手势会赋予你足以读懂证人的想法的力量。想象一下，一个儿童证人正在描述一个疑似虐待他的人，描述中，这个儿童做出了一个“眼镜”手势——左右手的食指与拇指分别圈成圆，并举到眼睛的位置。他的话里并没有提到眼镜这个词，意味着“眼镜”不会出现在笔录中。律师接着问：“他戴眼镜吗？”，这很容易被理解为诱导性问题，但其实不是，因为并不是律师将眼镜带入对话，而是孩子的手势。孩子并没有意识到自己注意到了眼镜，却下意识地用手记录并呈现了出来。律师也没有意识到孩子并没有“说”出“眼镜”这个词，如果他意识到眼镜是从孩子的手势中传达出来的，他就可以光明正大地提出来，因为只有说过的话才能算作法律证据。律师之所以会提到眼镜，是因为他以为自己听到孩子说了“眼镜”这个词，但实际上孩子只是做了“眼镜”的手势。

沟通是双向的，律师不仅可以通过手势窥探证人的想法，更可怕的是，还能通过手势影响证人的想法。一般情况下，律师只可以询问开放性问题，不能提出诱导性问题。比如，律师可以问：

“他还穿了什么？”却不能问：“他的帽子是什么颜色？”但如果你一边问开放性问题（“他还穿了什么？”）一边做“帽子”的手势（手握拳放在头顶），哪怕真实的场景中没有帽子，证人也很可能会提到帽子这个词，就好像律师问了诱导性问题（“他的帽子是什么颜色？”）一样。手势可以暗示物品或者事件，并将其带入思维中。手势已经是一件强有力的武器了，而当语言严重受限时，它的影响力可以变得更强。

当然，手势并不只是为了出卖你的想法而存在，它还能帮助你表达刚刚开始理解的——那些你还在理解中的想法。想象一下，两个高矮和粗细完全相同的玻璃杯，每个杯子都装有等量的水，把两杯水都展示给一个孩子看并让她确认。把其中一杯水倒入一个又矮又粗的杯子里，并问这个孩子现在这两个高矮不同的杯子的水是否一样多。成人一定会说：“当然了。”但是，某些年龄段的儿童确实会相信水变得不一样多了。当让她解释自己的错误判断时，下图中的小女孩说水不一样多，“因为这杯水的高度比那杯低”。她的话表明她着重比较液体的高度。但与此同时，她仅凭手势便告诉我们，她也注意到了杯子的宽度——她把双手都比成C形才表示出了矮杯子的巨大宽度（如下图中左图所示），却只用一只手弯成C形便能表明高杯子的宽度更窄（如下图中右图所示）。

“因为这杯水的高度”

“比那杯低”

为了真正理解当水从一个高而细的杯子倒入一个矮而粗的杯子时，水的量不会改变，你必须认识到矮杯子的较大宽度可以补偿它的高度。我们知道例子中的孩子距离理解这一概念已经不远了，因为我们之后给她上了一节数量守恒的课，她便成功地完成了任务。她的手势告诉我们，她已经准备好学习这个原理了。

让我们再看一个更具有挑战性的有关成年人的例子。如果要你证明两个分子互为镜像且不可重叠，你会怎么做？这类分子被称作“立体异构体”，但如果没学过有机化学的话，你根本不知道这回事。所以，你可能也不会想到，要想验证答案，你需要将其中一个分子沿一条轴转动。想想左右手吧，它们也是不可重叠的——只有把右手翻转过来让两个大拇指平行，你才能用右手把左手覆盖住。因此，当你被要求解释答案时，你不会说出“把分子旋转过来”这种话，反而会一边口头解释，一边用手做出“旋转”的手势。你的确知道需要旋转，只是不知道自己知道它。下图中的学生就说明了这一点。他说：“你不能把这张”（边说边指向左边被他的身体挡住的分子图片，即中图）“叠加在那张上”（边说边指向他右侧的分子图片，即右图）。他说话时手指在空中画圈，这一手势表明他确实知道要旋转。

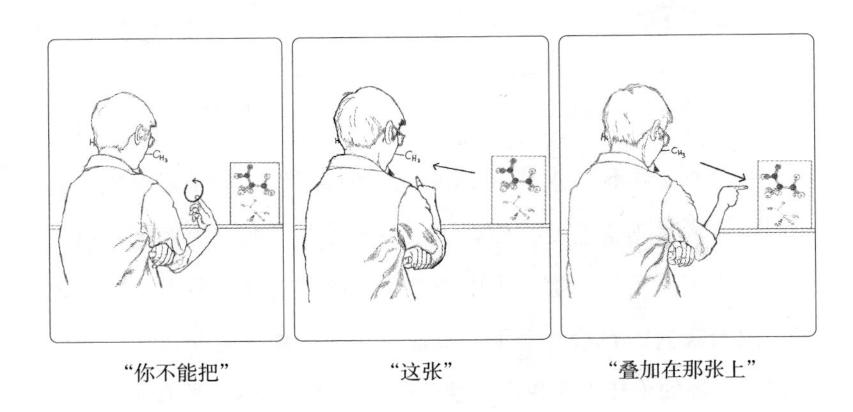

“你不能把”　　“这张”　　“叠加在那张上”

如果在你给出解释之后教你立体异构体的知识，你就有很大可能改进对这个概念的理解，并认识到旋转的重要意义——如果你在指导前没有做出旋转的手势，这个可能性就会低得多。你做出的旋转手势同时也让你的老师知道，你确实想到了旋转，那么此时就是明确本课要点的绝佳时机。用手将知识表达出来可以帮你加深、拓展和记住你所知道的内容。

英语中“想法”（idea）一词源于希腊语，意思是“看见”。在某种程度上，手势在思考与学习中有着重要作用，因为它非常适合以视觉方式呈现想法，比如勾勒形状、重现运动轨迹，以及展示转换过程。这类想法、思考或看法多数都可以用语言表达出来，只不过组织语言的难度往往较大。比如，如果你想描述美国东海岸，你可以用语言形容缅因州的样子，一路向南到佛罗里达海岸。但是用手势可以更高效、更准确地勾勒出海岸，而且还可以把语言难以形容的细节也表达出来，比如海岸线是如何从佛罗里达一路向东绵延到缅因州的。我们可以用手势贴切地打造出一套并不完备的语言，以满足说话双方的需求。但和语言不一样的是，我们在使用手势时不会察觉到它的好处，或者是它的陷阱。实际上，我们过于低估了手势的作用，以至于我们很少察觉到自己在做手势。

你或许大大低估了人们实际做手势的次数。以我的一项致力于观察大学生手势的研究为例。当研究结束时，我们才向学生摊牌，告诉他们我们在观察他们的手势。他们为自己没做手势而道歉。而实际上，他们都做了很多手势。他们知道自己在说话——我们都知道自己在说话——但是，他们并没有注意到自己说话时手也在动。之后，我会在书中详细解答一个问题，那就是当我们让人们意识到他们的手势会发生什么时，这种意识是否会影响手势所想表达的那些隐晦而未说出口的想法？如果会，我们就不应该轻易让他人观察并使用手势。但如果不会，那么有意识地观察和使用某些手势便正好可以满足我们的需求，使交流变得更丰富、更深入、更紧密。

本书不仅会向你展示你的思考、理念和想法如何转化成手势，还会告诉你手势是如何迫使你重新思考理解他人的方式的。理解手势的作用可以减少误解并使联系更为紧密，它也可以让你明白通信技术如何在不经意间阻碍了手势，并干扰你和他人建立联系，以及理解他人的能力。当你手里拿着手机，而它的摄像头就是为追踪你的面部而生时，手势怎么可能参与到对话中呢？视频聊天软件也没好到哪里去：对话框很难让人看到说话者的手势，这也是限制线上教学的罪魁祸首。如果学生的电脑摄像头无法捕捉到老师的手势，他们又从何学习手势中蕴藏的信息呢？如果老师看不到学生的手势，又如何从学生的手势中了解他们的想法？手势存在于所有情景中——育儿、教学、法律咨询、医疗，甚至只是闲逛。你可以意识到它给予你的洞察力并加以利用，从根本上改变你的沟通深度，或者你也可以忽视它，于是就此错过对话内容的一半信息。

在我们继续本书的内容之前，我想要先声明两点。第一，当别人听说我从事手势研究的时候，他们会立刻以为我研究的是“竖大拇指”、“OK”以及“嘘”这类常见手势，我们称这些特定文化下所有人都知道的手势为“象征手势”。在这些文化中，这些手势的形式总是不变的。“竖大拇指”就是把大拇指立起来，换成小指的效果就不一样了。实际上，竖起小指在中国台湾的意思是

“逊”，而不是“赞”。而我的研究领域恰好并不包括象征手势，因为它们一成不变，并不能反映说话者实时的想法——它们就像词典里的词，形式和意思都是固定的。我的兴趣点在于哪些信息是变化手势可以告诉我们的，而固定手势不能传达的。

第二，本书中描述的大多数例子都涉及儿童，因为我是一名研究童年时期变化的发展心理学家。但我相信，儿童伴语手势的研究发现同样适用于成人。我们做过的为数不多的成人研究也证明了这一观点。相比之下，有关使用家庭手语的聋哑儿童的语言创造研究则很难泛化至成人。语言创造，就像语言学习一样，对孩子来说可能比对成人更自然。但是（“幸好”）要想找到一个从未接触过语言，却像成人一样创造一门新语言的人并不容易，所以我们并不知道儿童家庭手语的研究成果是否适用于成人。

我将本书分成三个部分，用来探索手势研究的版图，以及了解读懂手势如何帮助我们更好地理解彼此。第一部分，我以每个人都会做、与每个人都有关的行为——说话时做手势——开场。但我并不只是想唤起你对做手势的直觉，我还想向你展示手势科学是如何验证这种直觉，或解释它们错在哪里的。我的直觉就多次出过错，也正因如此，我们才需要科学。随着我们逐渐深入，我会指出我的直觉在哪里出错，以及我们的研究如何证明并纠正这些错误。第二部分，我会讨论手势脱离语言而存在的情况，即静默手势，以理解它与伴语手势的区别。静默手势能帮助我们深刻理解在没有口语限制的情况下，思想是如何构建交流的。第三部分，会总结我们所学到的伴语及静默手势的知识，并展示其用处。

第一部分由探讨做手势的原因开始：是什么使得你说话时移动你的手，这些手部动作对你有帮助吗？接着，我会分析说话者在学习新的概念时所做的手势，并用例证法证明学习者可以通过手势来表达有关概念的想法，哪怕这些想法未体现在他们的话语中。这些手势也因此为了解我们的思想提供了一个独特的窗口。但手势的作用不仅限于此，它不仅能反映我们的想法，还能改变它们。他人做出的手势和你自己做出的手势，都有可能帮助你学习。本书的第一部分便会讲解手势如何揭示和塑造你的想法，并会描述在哪些具体场景中，关注手势可以帮助我们成为效率更高、更为周到的沟通者。

第二部分，我们将近距离了解我从研究生时期就开始研究的现象：由于没有接触过实用语言输入而无法从家长处习得语言的聋哑儿童。与健听儿童一样，他们也会使用手势交流，但他们的手势和健听儿童的手势看上去并不一样。正如前文所述，这个现象出人意料，因为聋哑儿童能看到的唯一手势就是健听父母的伴语手势。如果这些父母为聋哑儿童的手势提供了样板，那么家庭手语应该和第一部分中描述的相一致，即在空气中比画出模拟的场景。但他们并不会这样做。一个猜想是：伴语手势与语言相辅相成，离开了手势，亲子间便不能充分交流。如果家庭手语者要将手势作为基础语言，那么就需要改造伴语手势使其能够独立存在。他们也确实是这么做的。家庭手语者发明的手势的确具备语言的形式特征，即不相连的类别彼此组合，从而表达出越来越多的想法。家庭手语者创造出表示物品、动作和归属的手势，并把它们按照固定的顺序线性地组合在一起，换句话说就是连词成句。

手势在家庭手语者中起到基础语言的作用，也具备语言的形式。与之相反，说话者的手势是语言的基本辅助，并以空气中比画模拟场景的形式出现。为了明确这些区别，第二部分还将聋哑儿童及其健听父母发明的家庭手语，与其健听父母做出的伴语手势进行了对比。通过向我们展示其形式的非必要性，家庭手语告诉了我们伴语手势有何独特之处：当孩子们需要建立一个基础的交流系统时，他们并不会使用家庭手语的手势。

在第二部分的最后一章，我会探究一个家庭手语者能在发明人类语言的道路上走多远。尽管存在，但家庭手语能独立创造出人类自然语言所包含的所有性能的可能性微乎其微。如果他们不太可能完全重建语言，那么发展出我们现有的语言又需要什么条件？这一部分内容将帮助我们理解是什么迫使语言发展成如我们所知的样子。

第三部分将阐明了解手的交流方式可以帮助你更好地理解他人。父母、临床医生及教育从业者都不一定能意识到，当人们准备好做出改变时，手势会提醒我们——牙牙学语的婴儿、学习数学的初中生、学习化学的大学生，以及为评价女性领导力而纠结的男人，如此种种。首先，我将着眼于双手如何帮我们育儿，之后我会探究双手如何帮助我们甄别已经或即将偏离发展正轨的孩子，当然还包括双手如何帮助我们干预并挽回他们。最后，我会探究双手如何助力教育。手势对所有学习者都具有强大的影响力，而对于患有诸如孤独症、唐氏综合征的学生，以及出身贫寒的学生来说尤其关键。若使用得当，手势可以帮助我们为不同技能和不同背景的学习者提供公平的竞争环境。

我们的手一直伴随着我们，它们是我们人之为人的一部分。我们为什么不听听它们要说些什么呢？

第一部分

用我们的双手思考

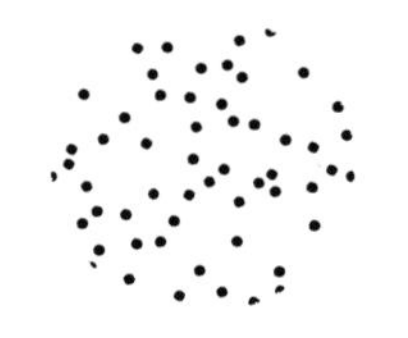

第 1 章

说话时如何用手?

如果你曾经注意过自己的手势，你可能会好奇自己为什么会做手势。做手势好像不带有任何目的，但这种直觉可能是错的。正如我在前文中所论证的，手势能够传递有价值的信息，会对倾听者有所帮助。而且如果手势能够帮你保持专注与思考，它也能帮你扮演好说话者的角色。理解我们做手势的原因可以帮助我们更有效地使用手势，无论是作为倾听者还是说话者。我们会在第三部分讨论这个问题。现在，我们将深入探究你直觉背后的科学，即“我们为什么要做手势”。但首先要明确一下“为什么”（why）是什么意思。

“为什么？”在英语中是很有趣的一类问题，其背后实际上蕴藏着两个问题：“为什么？”和“做什么？”。为了阐明这一点，我们来看一个和我们相去甚远的物种——美国短吻鳄的例子。每当夜幕降临，短吻鳄都会潜入密西西比河。这是因为短吻鳄是变温动物，而且夜晚的气温往往比水温还低，傍晚入水对短吻鳄有重要意义：在夜间保持体温，防止冻僵。请记住，短吻鳄和人类不一样：它们不能调节自身的体温，只能吸收环境的热量。有了这一前提，我们可能以为短吻鳄傍晚入水的原因或多或少也应该和它们的体温调节系统有关。但事实并非如此。实际上，傍晚入水的根本原因与光敏感性有关：逐渐消逝的暮色是提醒短吻鳄入水的信号。在光线和温度可以人为分别调节的实验室中，我们发现，如果温度下降但光线并未变暗，即使短吻鳄的体温随气温越来越低，它也依然会待在岸上，不会进入水中。相比之下，如果光线变暗但气温依旧温暖，短吻鳄反而会进入水中，虽然这个行为不能帮它保暖。傍晚下水的目的或者说“功能”，是调节温度。但它的原理或者说“生理机制”，是光敏感性。[1]

因此，当我们提出“人们为什么要做手势？”这一问题时，我们实际上是在问两个不同的问题。第一个问题是关于发生在手势之前的事件，以及这些事件是否引起了做手势的行为——引发手势的生理机制，即“什么令我们做手势”。第二个问题是关于手势之后的事件，以及手势是不是引发这些事件的关键——手势的功能，即“为了什么做手势”。我们先来探索触发手势的生理机制，之后再来探究手势的功能，以此认识到这可以是两个截然不同的过程。

手势的生理机制：什么令我们做手势？

所有手势都是身体行为，是划过空间的肢体动作，但许多手势也还原了可以用身体完成的动作。有个绝佳的例子。如果我问你如何系鞋带，你很可能会边说边用手演示，你的手势就是在模拟系鞋带的动作。

另一个例子来自我之前的学生苏珊·库克和她的博士后导师麦克·塔恩豪斯的研究，这项研究要求成人受试者以实物或电脑的方式解出河内塔谜题（Tower of Hanoi，简称TOH）。TOH是用三根柱子和一堆圆盘组成的逻辑益智游戏。游戏开始时，所有的圆盘都在一根柱子上，由上到下按照从小到大的顺序排列。游戏的目标是每次将一个圆盘移动到另一根柱子上，且不能出现大圆盘在小圆盘之上的情况。这个实验的实物版和电脑版的最大区别在于，实物版需要你把圆盘从一根柱子上提起来，然后才能套在另一根柱子上。而在电脑上做的话，你只需要拖动圆盘就可以把它们移来移去，无须提起圆盘。在游戏结束后，这些成年人讲述了他们的解谜过程，与使用电脑相比，使用实物对手势的影响更显著。在讲述自己的解谜过程时，实物组做出了包含画弧线的手势，而电脑组只做出水平拖动的手势。这些成年人都用手势还原了解谜动作的方方面面，而且并未口头描述这些动作。

有趣的是，之后另一批成年人观看了两组的实验录像，他们也被所看到的手势影响了。当让他们在电脑上完成这项任务时，尽管没必要这么做，看到弧线手势的人也会把圆盘从柱子上完全提起来，而看到水平拖动手势的人则会把圆盘在电脑上拖来拖去。第一组成年人将肢体动作的各个方面融入他们的手势中，而这些手势可以让肢体动作在对话中保持活跃。[2]

正如我们所见，手势在捕捉动作方面表现出色。我之前的学生、为了解手势在教育中的作用做出了持续性贡献的玛莎·阿里巴利，以及她的学生奥特·霍斯泰特尔（也是我的“徒孙女”）在上述观察的引导下提出了“手势模拟动作”（GSA）框架。当我们说出“扔”这个词时，会模拟扔的动作。我们不是非得这么做，但脑部活动显示“扔”确实出现在了我们的头脑中——做出“扔”的动作时会被激活的大脑区域，在说“扔”的同时也被激活了。我们在思考和说话时模拟动作的意识被称为“具身认知”。这个意识奠定了GSA的基础，而GSA假定模仿动作会引发手势。一旦达到激活脑部的某个阈值（这个阈值因人而异），扔的动作便会通过手势的模仿行为变得可视。[3]

所有这些都表明，行为是产生手势的生理机制的一部分。如果这一理论是正确的，说话者在形容自己所做的事情时应该会做出很多手势。他们也的确如此：相较于只是看过图形的人，动手绘制过的人在描述图形时会使用更多的手势。说话者在表达想法时，会用手势来模拟他们做过的动作。

另一个证明行为与手势的产生关系密切的证据，来自一个著名的视错觉实验。如果请你比较以下两根棍子的长度，你会笃定两端开口朝外的棍子（深色）比两端开口朝内的棍子（浅色）更长。但实际上，两根棍子一样长（正如它们去掉两端之后的样子）。

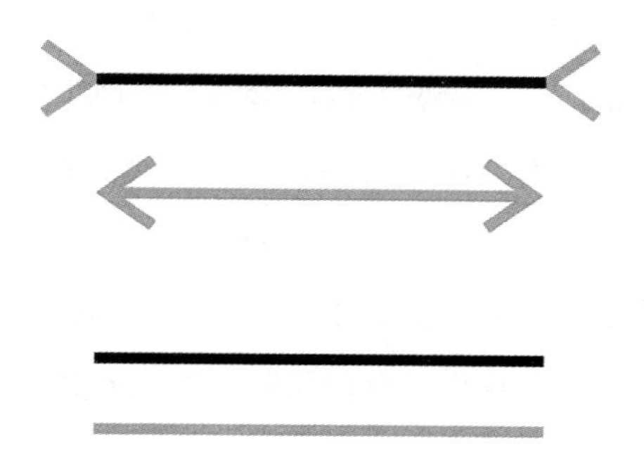

如果请你用拇指和食指表示棍子的长度，你很容易会受到上述视错觉的影响。在描述棍子颜色时，你的手指可能会比描述两端开口朝内的浅色棍子张得更开——因为你的眼睛已经被欺骗了，所以对棍子长度的估算误差也会反映在你的手上。但是，你的手并不总会受到视错觉的影响。在你准备握住棍子时，无论是握两端开口朝外还是开口朝内的棍子，你分开拇指和食指的宽度是相同的——当准备行动的时候，你的手就不会被欺骗了。[4]

如果你的手既没用于做评估，也没做出行动，仅仅只是在做手势进行描述，又会发生什么呢？第一步，让你用一个两端开口朝外的棍子做动作——把它捡起来，然后按照指定的路径在空间中移动它。接着，请你在口头描述所做动作的同时做手势。之后，请你对两端开口朝外变为两端开口朝内的同一根棍子重复这些动作并进行描述。那么问题来了，你的手势会像哪一种？是你做动作的手（未受视错觉影响，那么你对两根同样大小的棍子所做的手势没有区别），还是做评估的手（对视错觉敏感，那么你描述两端开口朝外的棍子时的手势会比描述两端开口朝内的棍子更宽）？

答案是手势更像做动作的手，而不是做评估的手。无论你是在描述两端开口朝外还是开口朝内的棍子，你分开拇指和食指的距离都是一样的。你做手势的手并不比你做动作的手更容易受到视错觉的影响，且比你做评估的手更不易被视错觉影响。尽管手势与语言紧密相连，但它的根源可能在于行动。[5]

另一个证据可以证明行为是手势生理机制的一部分，它来自我们大脑的反应。功能性磁共振成像（fMRI）可以反映出你在执行任务时大脑某一区域的供血量：供血量越大说明该区域在执行任务时越活跃。在课堂上解决数学等式问题（4 + 6 + 3 = __ + 3）时，孩子们要么会单独通过话语说出来（“我想让等号左右两边相等”），要么一边说一边做手势（说的同时在等式左边做一个向右扇的手势，再在等式右边做向左扇的手势）。学习任务进行一周之后，请这些孩子在解数学题的同时接受fMRI，但这次不让他们做手势。两组大脑活跃图像呈现出差异：尽管仪器没有显示出任何手部活动，但对通过手势+话语学习的儿童来说，他们大脑中负责运动功能的区域比只通过语言学习的儿童活跃得多。这些被激活的大脑区域与儿童通过对物体施加动作来学习一项任务（比如学习字母并书写字母）后被激活的大脑区域非常相似。就像通过对物体施加动作学习，通过手势学习可以形成运动特征。这一现象至少部分解答了我们本章开篇提出的问题：什么令我们做手势？答案是，动作模拟似乎是手势产生机制的一部分。[6]

有一个问题。尽管所有手势都是由身体完成的，但并不是所有手势都是身体行为的反映。当你说到火箭发射升空时，你会用手在空中向上示意它的轨道，但你的手势展示的只是一个动作，而非身体动作。或者当你在空气中比画S形来表示狗的尾巴时，你的手势甚至都算不上是“动作”，更不用说“身体动作”。在这些情况下，身体无法做出一个可供模拟的动作。或许，手势模拟动作理论是对代表身体动作的手势的正确解释，但它不能轻易解释那些代表形状、抽象概念，甚至物体运动的手势。

还有一个证明手势并不能完全起到动作作用的例子。一个名叫IW的年轻人在19岁时饱受一种原因不明的病症折磨，这种病影响到了他的脊髓神经，令他丧失了触觉以及所有依赖体态和方位反馈（我们称之为“本体感受反馈”）的运动神经控制能力。经过时间推移和大量努力，IW学会了通过注视和指挥四肢的方式控制他的手臂和腿部动作。他重新夺回了对体态和动作的控制权，但只有在能看到四肢的情况下才能完成。他无法在黑暗中移动，不过有个有趣的例外，他可以在黑暗中做手势。换言之，尽管IW在看不到自己的手的情况下不能移动它，比如捡起一块积木，但可以在看不见手的情况下边说话边做手势。IW的病情影响了他对物品做动作，但并不影响他做手势，这也说明动作与手势背后的机制是不一样的。[7]

还有一个例子也可以说明这一点：一个没有手臂的女性却有做手势的意识。《脑中魅影》一书讲述了一个先天没有手臂的年轻女孩的故事，她本应对手势一无所知，但事实并非如此。米拉贝尔出生时双肩下只有两个肉锤，但她能够感受到从未拥有过的手臂，她所具有的便是所谓的“幻肢”。人们往往在经历截肢后才会有幻肢体验。但是，米拉贝尔“无肢可截”，所以医生对她的幻肢感表示怀疑。当被问起是怎么知道自己有幻肢时，她回答道：“嗯……因为我在和你说话时，它们在做手势。它们在我说起某个物体的时候会指向它，就和你的胳膊和手一样……医生，在我走路时幻肢不会像你们的正常胳膊一样晃荡，它们只会在身体两侧保持不动，就像这样。”她边说边站起来，让两个肉锤垂在身体两侧。“但只要我说话，”她继续说道，“我的幻肢就会做手势。现在我说话时，它们就在动。”可见，做手势并不仅仅是动动手臂。[8]

手势的功能：我们“为了什么”做手势？

除了令其产生生理机制之外，手势也可以独立发挥作用——换言之，做手势可能具备一种甚至多种与行为无关的功能。正如前文所述，一般人都能读懂你自发做出的手势，这意味着你的手势具备与倾听者交流信息的功能。[9]

手势甚至可以把你变成更高效的沟通者。这里举一个例子。2021 年 4 月 9 日星期五，《纽约时报》报道了马丁·托宾医生为德雷克·肖万被指控杀害乔治·弗洛伊德一案出庭作证。亨内平县前首席公共辩护律师玛丽·莫里亚蒂对托宾的作证做了如下描述："托宾是一位精通呼吸原理的胸内科医生……他凑近麦克风，领带略微歪斜，用手和肘部演示了人是如何呼吸的。"她接着说，"他以世界一流专家的形象示人，却用门外汉也能听懂的英语解释了一切。"我认为，托宾如此有效的作证的秘诀在于（除了他清醒的头脑之外）他说话时所做的手势。托宾有意无意地用手势对证词加以润色，但有无意识真的不重要——只要信息摆在那里，每个人都可加以利用。你的手势可以帮助别人理解你的观点。

你似乎是凭直觉了解自己的手势的。身处嘈杂的环境时，你会提高音量，并且清楚、分明地说清每一个词，尤其是在话语是唯一可选的沟通方式的情况下。可当你还有手势这一选项时，你就会把它运用到极致。你可以用各种方法细化手势，也可以在其中加入额外的信息；如果你想在一个嘈杂的房间里点薯片和萨尔萨辣酱，在做出"吃"的手势之前，你会先做一个用薯片蘸酱的动作，然后再把手指放到嘴边。你还可以通过在不同空间重复动作，或者用停顿分隔两个动作的方式细化你的手势，以此来强调动作。有趣的是，当你能用手时，你就不会再费劲儿地增加话语的信息量了，反而会把这项工作交给手势和夸张的口型。换言之，在嘈杂的面对面交流中，尽管你调整了话语和手势以适应听不清的环境，但包含手势在内的视觉途径似乎在确保倾听者能理解你的话方面赢得胜利。[10]

你的手势帮到了他人，那它们也能帮你吗？听起来有些古怪，但你明知倾听者看不到你，为什么还要在打电话时做手势呢？盲人之间说话时，明知对方看不到，为什么也会做手势呢？还有同声传译人员，你有没有注意过国际会议上坐在玻璃窗后的同声传译员？他们的声音会被传送给倾听者，但画面并不会传送。没有人会看到他们，但他们在双语互译时会不断地做手势。我们最合理的猜测是，手势对他们有用。

让我们来想想，你的手势可能对你有什么作用，而你对此浑然不觉。你会在说话的同时做手势——可能你的手势在帮你组织语言。你在想“螺丝刀”这个词时会发现手在做拧的动作。做这些动作会帮你找到想说的那个词吗？证据尚不确凿：某些人从证据推导出的答案是肯定的，另一些人的答案则是否定的。如果手势可以帮你说话，那么不使用手势就会妨碍说话，但尚且不能为这个假设找到能够令所有人信服的证据。即使做手势的确在说话中起作用，我们也没有理由相信做手势只有一种功能。做手势可以影响你的思想，而且方式颇多。[11]

手势助你专注。当有人做手势时，手势会吸引你的眼球，你便更容易打起精神、集中注意力。有一种可以追随佩戴者目光的视线追踪器，我们用它们来观察有手势和没手势的数学课上儿童的视线。当教师说："我想让这一边（对等式左边做手势）等于那一边（对等式右边做手势）。"孩子们的视线追随着她的手势，因此看到了她话中提到的对应部分。不出所料，看到手势的孩子比没看到手势的孩子更容易理解教师的话。他人的手势确实可以帮助你看到该看的地方。

但我们的发现不止于此：如果只看两组中理解教师的话的孩子，我们发现看到手势的孩子比没看到手势的孩子在受到点拨后更容易进步。这有些出人意料，因为那些没有看到教师手势的孩子是靠自己理解所教的内容，理应比注意力集中于手势的孩子从语言中得到了更多的信息。相较于只理解教师的话却没有看到手势的孩子，似乎手势让孩子们收集到了更多信息。手势不仅能控制注意力，还能帮你从正在聆听的话语中获取更多的信息。[12]

上述都是由他人做出的手势，但你自己的手势也可以帮你保持专注。学龄前儿童尤其喜欢在数东西时指着它们，数数时做出指的动作（相较于儿童数数的同时观看一个布偶做出指的动作）可以帮助儿童将数字和他们正在数的东西联系起来。结果是，他们会比不做手势时数得更流利。[13]

自己做出手势确实可以使你更专注。但与不做手势相比，做手势还能帮你从眼前事物中获取更多的信息。

手势助你记忆。如果你边做手势边描述某件事，你会不会觉得比不做手势能更好地回忆起这件事？我们请几个成年人看一些视频，视频内容包括玩具、动物、做各种各样（有些甚至很奇怪）动作的人：一只滑向警察的鸡、一个抚摸狗的女人、一只飞进独轮推车的鸽子、一个弯腰以手触脚的慢跑者、一个自己晃荡着关上的篱笆。我们测试了这些成年人立即描述这些事件和三周后对其的记忆情况。被我们要求在描述时使用手势的成年人要比那些没被要求使用手势的成人能回忆起的事件更多，尤其是在几周后。如果人们自行做手势，结果是否会有所不同，为了验证这一点，我们又做了一遍实验，但这次实验对手势没有任何要求。我们依然得到了相同的结果：人们对他们自发做了手势的对象的记忆要好于没做手势的。无论是出于自发还是被要求，说话时做手势都会令编码于话语中的信息变得难以忘记。[14]

手势可以减少你在认知上付出的努力。我们一直在关注伴随需要被记住的事物而做出的手势——这些手势让事物更好记。但是，手势还可以通过减少你在完成任务时需要付出的认知努力，来间接地对记忆施加影响。我们通过实验展现了这一观点，实验内容为：要求成人受试者在解释数学题的解法时做手势，而在解释其他类似题目时不做手势。

这个实验共分为 4 步。受试者被要求（1）解一道数学题，（2）记住一个字母列表（比如XR QP BN），（3）解释他们的解题方法，（4）试着回忆字母。每个受试者都解出了 24 因数分解的题目，比如$X^2 - 5x + 6 = (\quad)(\quad)$。请注意，这些受试者在解释解题过程时还要试着记住那些字母，也就是说他们同时在做两个任务，因此这两个任务使用的是同一份认知心力。我们用他们在解释时记住的字母的数量来衡量所付出的认知心力：记住得少意味着他们在努力解释，所以只能记住少量的字母；记住得多则意味着他们为解释付出的努力更少，因此能记住很多字母。当然，这个逻辑预设了认知心力的总量是一定的，我们称这一总量为“认知负荷”，且两项任务（解释题目与记字母）所消耗的认知心力会即时抵消。之前的工作为这两个假设提供了很好的证据。[15]

我们感兴趣的问题是：做手势让成年人记住字母的任务变容易了还是变困难了？换句话说，做手势是减少还是增加了认知负荷？做手势是一种伴随话语的行为，强行将手势与话语绑定可能会消耗认知心力，这也就意味着与不做手势相比，边做手势边解释的难度更大。而另一方面，手势和话语一起组成了一个信号系统。所以，如果两者同时进行，就可以消耗更少心力，也就是说，边做手势边解释会比不做手势更容易。那我们发现了什么呢？成人受试者边解释边做手势比不做手势记住了更多的字母。尽管说话时做手势是增加了一项行为，但结果表明你的认知负荷得到了减轻。[16]

儿童的情况又如何呢？我们将实验模板为儿童稍加调整，发现做手势也同样减轻了他们的认知负荷。但我们可以在儿童组多探究一个问题，我们将能解出和不能解出附加题的儿童进行对比——因为在成人组实验中，他们全都成功地解出了因式分解。我们可以探究儿童做出正确或错误的解释手势时发挥的作用是否一样，事实证明是一样的。无论解释正确与否，做手势都减轻了儿童的认知负荷。[17]

但你可能有所疑虑。我们告诉成人和儿童受试者不要做手势。“不要做手势”这一指令本身就可能造成认知负荷。所以，被告知不要做手势的情况下，成年人和儿童能回忆出的字母数量会因为强加的认知消耗而变少。我们可以排除这一可能性，因为哪怕有机会做手势，受试者也不一定会做。这就说明一个人可能做出三种类型的解释：（1）受试者选择做手势，（2）受试者选择不做手势，（3）受试者被要求不做手势。结果显示，在选择不做手势和被要求不做手势这两种情况下，成人组和儿童组记住的字母数量是一样多的——被要求做手势并没有增加他们的认知负荷。也就是说，无论是出于自愿还是由于受到指令，他们做手势都比不做手势能记住更多东西，这也证明手势的作用之一便是减轻你的认知负荷。

如果觉得口头表达难以完成，你可以在说话时用手势来自救。

做手势会外化你的想法。如果你在头脑中解数学题遇到了困难，你可能会找一张纸把问题写下来。把问题落在笔头可以减轻你的记忆载荷，还会带给你不同的视角。那么把你的想法放在手上，或许也有同样的效果。

我们用一个儿童道德推理的例子可以证明这种可能。这个案例是一个困境，有一对缺钱的兄弟想通过非法途径获利：一个欺诈了一个老人，另一个盗窃了一家商店。我们让孩子们决定欺诈和盗窃哪一个更可恶，并让他们在给出理由的同时做手势。他们都照做了，并且在说话的同时做手势。说话时，他们会把做手势的两只手放在不同的空间，每只手都代表一个不同的视角。单独空间位置里的手势描述的是单个视角（左图），多个空间位置中的手势则描绘的是多重视角（右图，每一只手都描绘了一个不同的观点）。

把手放置在不同的空间位置是一个首要标志，表明儿童可以从多个角度看待道德困境。多重视角也开始在儿童的话语中出现，不过仅在要求他们做手势时出现。接着，在接受道德推理方面的训练之后，被要求做手势的孩子在解释道德困境时给出了更多高阶的道德推理，不仅仅考虑一个角度。而被要求不做手势的孩子却做不到这一点。请注意，道德是一个抽象概念，与空间毫无关系。通过使用手势，孩子们把他们的想法“空间化”了（他们真的把想法在空间中表达了出来），这也在本例中帮助他们从多个角度看待道德困境。[18]

通过置于空间的方式，手势不仅将想法外化，还将它们嵌入一个空间架构内。视觉空间推理和协同认知领域的知名权威芭芭拉·特沃斯基在《行为改造大脑》一书中提出了这一观点。在她看来，空间思维是思想的基础，是地基并非上层建筑。手势及其他人类活动都发生在空间中，并且可以为我们的心理表征创造场域。手势所涉及的动作可以为发现同一问题的不同视角奠定基础。[19]

将想法布局在空间内，哪怕想法本身并不具备空间性，可以为应用依赖于空间的认知操作做铺垫。以轨迹记忆法为例，这是一种回忆物品列表的方法。它的工作原理如下：首先想象你把想要记住的东西放在房间的不同位置（比如沙发上、桌子上，以及落地灯旁，等等），然后你就可以在脑海中回溯标记过的位置，以此回想起每一件物品，以及物品在各个位置的画面（比如沙发上、桌子上，以及落地灯旁的物品，等等)。或许手势也可以派上类似的用场。在空间中用手势比画出不同的想法，你便可以把它们嵌入这片空间，并可以利用这片空间回想起它们。这个主意值得一试。[20]

做手势为思维带来了第二种感官模式。我们一直在讨论做手势可能起到的微小作用。而一个不那么微小的作用便是，手势为沟通带来了除话语之外的第二种感官模式，且这一模式具备影响思考和学习的潜能。《多媒体学习》的作者理查德·迈耶认为，两种不完全重合的感官模式同时呈现，可以增强学习效果。口头交流学习是一件有力武器，但口头和视觉的融合要比单一属性的学习资料更有可能增加深入持久的学习效果。比如，“活塞在主气缸内向前运动”这句话和活塞在汽车制动系统中如何运动的图表间建立有意义的联系，会比单独思考单词或图表让人理解得更全面。迈耶的著作聚焦于语言和图像语境下的学习，但其中一个小步骤便是把手势——而非图片——看作与语言一起呈现的视觉材料。[21]

手势和图片存在着显著差异。手势是动态的，并会随着时间结束；而图片是静态的。有些问题本身就适合动态展示，比如学习打绳结。众所周知，绳结图片不好理解，尤其是与伴有手势的语言描述相比。而另外一些问题则是用静态展示会效果更好，因为这能使其中各要素间的关系一目了然——比如，组装抽屉柜体之前先看看图纸是什么样。在组装抽屉的过程中，能拥有一个供你随时查看、告诉你各部件如何拼接的样板，要比一闪而过的手势有用得多。

但是，手势的确有一个图片所不具备的优点：无论是输出还是理解方面，手势都可以与话语融为一体。也就是说，你不必思考如何把两者结合起来。你说话时，手势便自动出现。你聆听时，说话者的手势也会融入接收的信息。与之相反的是，你总得下点儿功夫才能将一张图片有效地融入你的话语。事实上，手势似乎就是将语言和图片合二为一的最显而易见的方式——比如，描述图片的某一部分时用手指向它。目前，针对手势和图片在课程中的最佳利用方式的研究寥寥无几，但这似乎是未来一个颇有前途的研究方向。我可能会从观察教师的做法入手，因为他们是专业人士。

做手势为思维带来了第二种表现形式。手势是通过话语之外的感官模式表现出来的，但它还有另一个层面上的不同：手势可以连续地表达信息，它可以在空气中描绘场景。与之相反，话语则依赖于将分散的信息类目整合成更大的合成体——发音组成单词，单词组成句子。或许正是因为手势引入了一种图像化的格式，而不仅仅是带来了第二种感官模式，手势才拥有了在学习领域的能量。我们不能在说话者中探究这一可能性，因为他们在做手势时会使用两套感官系统：听–说语言感官和手–眼手势感官。但是，我们可以以手语者为研究对象来处理这个问题。

手语利用信息类目的方式和话语一样，而且手语者在打手语时也会做手势。两者的区别在于，他们的手势和手语属于同一种感官的产物：手动感官模式。所以，手语者在打手语和做手势时会使用两种表现形式，感官模式却只有一种，这两种表现形式分别是一种离散的手势形式和一种连续的手势形式，两者都由手部呈现。与之不同的是，说话者使用的是两种感官模式的两种表现形式，即由口说出的语言离散形式，以及由手做出的手势连续形式。这样的组合使我们能够将使用两种感官模式的情况与使用两种表现形式的情况进行比较。究竟是什么给予了手势其认知能力？是并列的两种表现形式（语言离散，手势连续），还是两种感官模式（手和口）？[22]

手语者的手势和说话者的手势具有相同的认知效果吗？为了解答这个问题，我们教给说英语的健听儿童一个数学概念，并把美式手语（America Sign Language，ASL）教给了聋哑儿童。如果是并列的两种表现形式在起作用，即语言和手语上离散、手势上连续，那么手语者应该和说话者的表现相当。但如果是并列的两种感官模式在起作用，那么手语者的表现应该会有所不同，因为他们只用了一种感官模式——手。

第一个问题是，这两组儿童会不会在这些问题上做手势。答案是肯定的，而且比率几乎相等。举个例子：3 + 6 + 8 = 3 + ___，一个会说话的孩子和一个聋哑儿童都错误地把 4 个数全加在一起，在空格处填了 20。会说话的孩子解释道：“我把这道题里所有的数字都加在了一起。”说着用手依次指向这 4 个数字。而手语者则做出了“加法”的手语，再做出“所有”的手语；而她的手势则是，先用食指依次扫过右边的 3 和左边的 8、6、3 的下方，再依次指向左边的 3、6、8 和右边的 3 的下方。两个孩子用他们各自的语言（口语或手语）和手势传达出了相同的信息——把题中所有的数字加起来。

下一个问题是，这些儿童是否曾经做出过与他们的语言表达的信息不同的手势。答案是肯定的，而且比率再次大致相同。这里有一个例子：7 + 4 + 2 = 7 + ___，两组中所有填了 13 的孩子都是把等式左边的数字相加。他们用各自的语言告诉了我们解答的过程。会说话的孩子说：“我把 7、4 和 2 加在一起，填了 13。”而手语者（如下图所示）在等式左边的 7、4、2 上做了“加法”手势，并在空格处做出“放”的手势。但两组儿童都在他们的手势中传达了不同的信息。会说话的孩子对等式右边的 7 做出了一个“拿走”手势。而手语者则用手掌把等式右边的 7 盖住，好像是要把它排除在外（这个动作是一个手势，并不是美式手语）。在两组实验中，手势都传达了无法从他们各自语言中找到的信息。换句话说，儿童的语言和他们的手势出现了某种“错位”。在之前的研究中，我们发现一个会说话的孩子在数学课之前面对这类问题时表现出的“错位”次数，预示了这个孩子将从数学课中受益的可能性。[23]

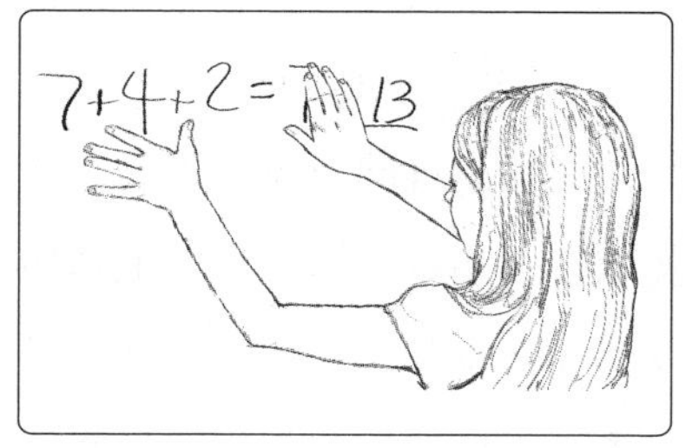

这里有一个至关重要的问题，这一条是否适用于手语者：手语者在课前手语与手势的错位的数量是否也预示着他们课后能解题成功？我们把孩子们按照课前的手势–手语错位数量，从 0 到 6 划分为 7 组。然后，我们观察他们能否在课后成功地解答这类题（只做错一道题也可视为成功）。如果课前的错位可以预示课后解题成功，那么完全没有手势–手语错位的儿童应该是表现最差的，而有 6 个错位的儿童应该表现得最好，其余儿童的表现居于两者之间。这和我们的研究结果完全一致。手语者和说话者的表现一样，这说明手势的认知能力来自并列的两种表现形式（语言离散，手势连续），而非并列的两种感官模式（手和口）。[24]

做手势使身体参与到认知中。手势的表现形式对思考和学习非常重要，但这些形式所属的感官模式或许同样重要。手势是由身体做出的行为。运动感知系统是我们与世界互动的介质，而通过在系统中建立感知、感觉、情绪，甚至我们理解语言的方式，我们的行为可以对思维造成影响。比如，你在看不到自己动作的情况下学习了新舞步，之后依然可以用眼睛认出这些动作，哪怕你从来没见过。你的行为会影响你认识世界的方式。[25]

与动作一样，手势也可以影响后续的思维。回想一下前文提到的河内塔谜题。那些圆盘不仅在大小上递增，在重量上也是递增的。最大的圆盘最重，必须用双手才能拿起来。最小的圆盘最轻，单手就可以拿起。在成人受试者解出谜题后，我们请他们形容解题过程，他们果然做了手势。在解释的过程中，有些人选择用单手手势描述移动最小的圆盘，有些人则选择用双手手势。

我们请这些人再次解题，只是我们在题中做了手脚：在受试者不知情的情况下，我们互换了圆盘的重量。现在，最大的圆盘是最轻的，最小的圆盘反而是最重的，必须用双手才能提起来；但圆盘的外观并没有变化。结果出人意料，在我们让圆盘互换重量而保持外观不变的情况下，受试者描述时的手势选择影响了他们的解题能力。在解出互换重量的谜题之前，受试者的单手手势让他们想当然地以为小圆盘的重量比较轻。当发现小圆盘实际很重时，他们的发挥便受到严重影响。圆盘的重量信息被植入了——且仅植入了——他们的手感，而这些信息会影响到他们的解题结果。[26]

如果手不是你的，手势又会是什么样呢？如果你戴着假肢，还会做手势吗？你是否把假肢当作身体的一部分，真的很重要吗？先天或后天失去一只手臂的人通常会佩戴假肢，事实证明他们说话时也会用这些假肢做手势。但他们做手势的频率和健全人有所不同。调查问卷结果显示，那些把假肢当作自己身体的一部分的人会更多地使用假肢做手势，而那些认为假肢不是身体一部分的人则不会频繁地做手势。这个发现的有趣之处在于两点。首先，人机交互从业者可以通过穿戴人用假肢做手势的次数来衡量其对新手臂的掌控程度，这也是人机交互领域的终极目标。由于从未被明确当作任务的一部分，做手势正好可以用来衡量具身性，而且具有公正性和可操作性。其次，只要你的手臂（无论是自然还是人造）是身体的一部分，你就会用它做手势。[27]

很显然，你的手势可以调动你的身体，那么看他人的手势会有同样的效果吗？当你看到别人对某个对象做出某种行为时，你的神经回路会和你亲自做出这一动作的神经回路有所重叠。我们把这种重叠的神经元称为“镜像神经元”。如果你的运动系统正在执行一个动作，而你正试图理解他人执行的相同动作，你用于理解该动作的运动资源就会减少，你的表现就会受到影响。[28]

我们运用相同的逻辑来理解观看他人做手势是否也有同样的效果。我们请成人受试者完成一项需要理解说话者手势信息的任务，同时移动他们的手臂和手，或者腿和脚（这样便可以占据不同的运动资源）。移动手臂和手会加大他们理解说话者手势的难度，然而移动腿和脚却不会。所以，移动手臂和手——而不是腿和脚——会阻碍你使用说话者手势所传达的信息。对他人手势的理解，至少是在部分程度上依赖于你自己的运动系统。[29]

做手势可以促进抽象概念的理解。手势和行为都会对认知产生影响，但两种影响不尽相同。针对物体的行为直接影响着世界。你拧开一个瓶盖，瓶盖就会掉落。但是，如果你在瓶盖周围（而不是瓶盖上）做手势，瓶盖则不会有位置的变化。当然，除非有人把你的手势当成要求他们拧开瓶盖的请求，并且他们也照做了。而这正是问题的关键。行为会直接导致瓶子被打开，而手势则会通过其交际和具象属性产生间接影响。这一区别或许意味着手势和行为有着不同的功能。

我之前的一位学生米里亚姆·诺瓦克主导了一个实验探索这一可能性，她采取的方式是教 9 岁或 10 岁的孩子用三种方法中的一种解数学等式问题。一个小组学习模拟分组法解题策略的动作。另外，两个小组学习的动作属于相同的解题策略，但分别使用具体的或抽象的手势。实验给出的题目是 4 + 2 + 8 = __ + 8，并用磁铁数字在黑板上显示出来。行为组的孩子们要拿起数字 4 和 2，把这两个磁铁放在空格下方，以此模拟 4 + 2 并把总和填进空格。在具体手势组，孩子们要做出拿起 4 和 2 的手势，再做出把它们放到空格下的手势。在抽象手势组，孩子们要用食指和中指分别指向 4 和 2，再用另一根手指指向空格。在上课前，我们要求所有的孩子在做这些动作的同时说："我想让两边相等。"课上，我们要求孩子们在尝试解出每一道题前后都要说这句话并做出手部动作，而老师本人在课堂上则不做任何手部动作。

课后，所有孩子都进行了数学等式测试，而在这节课前他们从来没有做对过等式问题。在解答与教学样例形式相同的题目时——比如 3+ 4 + 7 = __ + 7——三个组都有所进步。这样看来，行为和手势都有助于学习。

但是，相同点仅此而已。行为组儿童不能举一反三地解答其他形式的数学等式问题，比如 3 + 4 + 7 = 3 + __。因为仅把等式左边的前两个数字加起来放进空格是无法解出答案的。你必须真正理解等式的意义——等号两边数量相等——才能解出答案。行为组儿童答不出这类问题，而具体和抽象手势组儿童却能够成功解答。

我们又对他们做了一个更泛化的测试：题目中没有相同的加数——比如 3 + 4 + 7 = __ + 5。行为组儿童又一次无法解出答案。而这一次，一部分具体手势组儿童也没能解出，但抽象手势组儿童则表现出色。手势似乎能很好地帮助学习者从问题的细节中提取抽象概念，并对如何解决问题进行更深刻的思考。[30]

现在你可能会说，我们让孩子们做出的行为并不典型：这些行为确实有对象，但是并没有解决问题。所以，我们又进行了一次实验。这一次由我之前的一位博士后学生伊丽莎白·维克菲尔德主导，她将使用行为法和手势法教 3 岁和 4 岁的儿童学习新的动词。我们告诉这些儿童“tiffing”的意思是捏住一个造型奇异的玩具的球状部件。行为组儿童在一个紫色玩具上做出了捏的动作（左图）。手势组儿童在同一个玩具的附近——并非在玩具上——做出捏的手势（右图）。所有儿童都在他们做出动作的同时说出“tiffing”这个词。

下课后，我们测试了孩子们对于新词的掌握程度。两组儿童都知道“tiffing”是指捏住被当作教具的紫色玩具。但当我们让他们将“tiffing”类推到另一个可以捏住的橘色玩具时，行为组儿童的表现就比手势组差了许多，尤其是当我们过了一周和四周后再次进行测试时，这种差距就更大了。通过手势教学学会的儿童可以举一反三，把这个词类推到“捏”的一般意义上。而行为法教出来的孩子似乎想当然地认为“tiffing”是指捏那个紫色玩具，而不是“捏”的一般意义。他们并没有错，只是循规蹈矩，在归纳超出学习情境的知识方面较为迟钝。[31]

行为和手势都可以帮助你学习。但是，手势可以帮你归纳超出特定学习情境的知识。行为和手势也都能使身体参与到认知中来，也同样有助于促进学习。但要想解释为什么手势比行为更有助于概括，我们需要超越身体。

做手势可以填补话语的缝隙。我们已经论证了语言是受规则支配的，并将信息打包，分门别类。你所说的某种语言已经有了既定的类目，这也让传达特定类型的信息变得简单。但这些类目可能会遗漏你想要表达的内容。比如，当你说“杯子在牛奶旁边”这句话时，你就在暗示杯子和牛奶并排摆放。但你并没有说明两者之间相距多远；它们可能离得很近，也可能离得很远。这时，你就可以用手势加以说明。这同样适用于“上方”这个方位词。你可以说：“麦片盒在糖的上方。”但是，这句话并没有告诉我麦片盒是在糖的正上方还是右上方，或者是左上方。当然，你可以多说几个词来说明，但手势也可以起到相同的作用，而且可能效果更好。

手势可以让你给画面填充一些想法，这些想法很难融入你的语言所提供的预先打包的单位，从而让一种不完美的语言对当下的说话者或倾听者更为有用。这种定制产生的原因可能是，手势可以轻松表达出语言需要很多个单词才能表达的想法，就像那些描述物品方位的例子，也可能是因为你当时不知道如何用话语表达想法。回想一下前文中学习化学的人的例子，他们当时还不能将“旋转”与立体异构体联系起来，却可以做出旋转的手势。还可能是因为你不方便在话语中表达出某个观点，就像那个信誓旦旦的朋友，他坚称男性和女性具备相同的领导能力，却把代表男性的手势放得比代表女性的高。手势可以暴露你所持有，但没有在话语中表达出来的观点。

手势可以展现画面中暗含的，却难以言表的信息。空间思维专家玛丽·赫嘉蒂和她的同事一起研究了手势在精神动画方面的作用。他们给成人受试者展示了机械系统的示意图，并让他们厘清系统每个部分的运动方式。受试者在回答 90% 的问题时都使用了手势，而且大部分以手势描绘的机械运动并没有在他们的话语中出现，也没有明确出现在示意图中。对于说话者来说，手势是一种自然的方式，让他们可以表达从一张机械系统的示意图获得的对该系统的推断。[32]

这一讨论把我们带回了手势与图片的对比。手势较于图片的优势在于可以将动态融入自己的形式。数学涉及移动和变换数字，但这些移动和变换并未明确表现在数学等式中。拉斐尔·努涅兹以他的数学与手势的研究著称，他让数学系研究生两两一组在黑板上证明数学定理。其中一些定理涉及动态数学的概念——比如递增函数、连续性和相交。另一些则涉及相对静态的概念——比如包含和近似。每一组学生基本上都完整地写出了证明过程，仅一名学生以外的所有人都做了手势。这些手势之后被编为动态组（有位移的手势）和静态组（没有位移的手势）。[33]

如我们所料，讲解动态概念（递增函数、连续性和相交）时的手势含有位移，而讲解静态概念（包含和近似）时的手势则没有。比如，一个用集合符号演算不等式的学生说："所以，这一矛盾……嗯……递增。"当他的手向上抬的时候，食指伸出像是循着一条路。这名学生是在他写下一列方程后做出的这些手势。他的手势告诉我们，尽管他的叙述中没有动作，但他对递增函数的理解本质上是动态的。或者说，他将递增函数和序列定义为动态实体，而且我们也能从他的手势中察觉到这一点。完全用静态术语定义的微积分概念也被高等数学家定义为动态概念，而且可以从他们的手势中看到这种动态。值得注意的是，用动态手势描述静态模型的老师，其实是在用手势揭示数学概念的动态本质。如果学生可以努力捕捉到老师手势中的含义（我们知道他们可以），他们将获得这些只能从手势中找到的数学概念方面的重要指导。[34]

手势就是完美风暴

所以，你究竟为什么在说话时做手势？我们并不真的清楚答案，但我们有很多好的线索。行为是促使我们做手势的部分机能，但并非全部。而且手势拥有许多功能。无论你是否愿意，手势都会和倾听者交流信息。同样，无论你是否愿意，手势都会帮助（或伤害）你。我们尚不能确定手势是否会影响你说的话，但它的确会影响你的思维。做手势可以助你专注，并整合你的想法；做手势可以帮你记住你做过手势的信息；做手势帮你减轻认知负荷；做手势会外化你的想法并把它们嵌入空间架构，这也为依托于空间认知运作的应用做了铺垫；做手势为思维带来了第二种感官模式，而两种感官通常要强于一种；做手势为思维带来了第二种表现形式，这一形式也让传达意象信息变得相对容易；做手势使身体参与到认知中来，可以帮你学习许多任务；做手势促进对抽象概念的理解，并且更有效率地比照实物做相同的动作；做手势可以填补口语的缝隙（应该也可以填补手语的），并且尤其擅长将感知–运动信息引入表征和对话。没有一个单一的功能可以定义手势。

手势所能起到的每个功能都可以由其他设备替代。例如，荧光笔可以集中你的注意力，图片可以为思维带来第二种表现形式，表演让身体参与感知。但是，手势的独特之处在于它是能够同时起到这样的以及那样的作用。事实上，也正因如此，手势才可能成为一个强有力的教学工具。手势是一场完美风暴，因为它是一个独特的环境组合，可以彻底改变一个活动——在这里指学习活动。虽然“风暴”一词通常用于描述破坏性的现象，但我在这里用它来描述各种因素强大而自然的合力。在某些情况下，“少”可能就是“多”，但手势可以同时对你的认知产生这么多不同的影响，这一事实表明，在这种情况下“多”就是“多”——手势将所有这些因素结合在一起，带来了一场完美风暴。

第 2 章

手所做，心所想

我们已经了解了说话时做手势的好处，这也强有力地说明了手势并不只是挥挥手这么简单。在本章里，我要向你展示，手势为我们提供了一扇了解人们所想的具有特别优势的窗口。但首先，我要告诉你手势适用的其他非言语行为，以及它的独特之处。

将手势融入非言语行为

你的肢体语言会传递关于你的信息。手臂动作、面部表情和语气都属于肢体语言。双手交叉放在胸前所传递的信息是：你不想交流，甚至感到有点儿抗拒。手叉腰则表明你要采取行动了，可能还有些咄咄逼人。关于如何看懂和做出肢体语言，以及我们与其他动物有着怎样相同的肢体语言，媒体已经写了很多文章。

比如，包括人在内的动物都会通过延展肢体的姿态彰显自己的强势。这些能量姿势也达到了预期效果：在做出强势姿态的成员面前，动物会收缩自己的身体。这个姿势是力量的一种体现，在人类之外的物种中通常被用于规避肢体冲突，而非进一步挑起冲突。[1]

而对人类来说，能量姿势不仅仅能告诉他人你的自我认知，更能影响你对自身的感受。让一群人或做出高能量姿势（张开四肢的延展姿态）或做出低能量姿势（闭合四肢的收缩姿态），并保持两分钟。在这之后，他们参与了一场赌博任务，并对自己在这一过程中感受到的“强大”和“掌控”的程度进行评分。做出高能量姿势的人比做出低能量姿势的人在赌博中更敢于冒险，并且认为自己更强大、更有掌控力。有些研究发现，人在感受到力量时激素也会随之发生变化，但心理上的变化很难复证。所以，目前还不清楚高能量姿势带来的力量感能否归因于激素的变化，但有确凿证据表明，能量姿势确实会改变你的感受和自我认知。[2]

肢体会传递信息，这也就是为什么人们喜欢称之为“肢体语言”。但肢体语言并非传统意义上的语言，它并不具备在口语或手语中发现的语言结构，且并非一定出现在语言中。你哪怕一言不发也可以摆出一个高能量姿势，甚至可能“无声胜有声”。相比之下，在本书的这一部分，我的重点在于语言中的肢体动作，尤其是手部动作。这种手部动作的影响力，或多或少来自它们与我们最强大的交流系统——语言的密切联系。

1969 年，情绪及其与面部表情的关系研究领域的两位先驱心理学家——保罗·艾克曼和华莱士·弗里森——将非言语行为划分为 5 种类型：（1）面部表情：用于展示你的情绪，比如微笑、皱眉、皱鼻子；（2）调节性动作：用于调整对话节奏，比如点头鼓励继续阐述观点；（3）自适应性动作：指具备一定功能，但当功能不存在时也会做出的动作，比如没戴眼镜时依然做出“推眼镜”的举动；（4）象征动作：指不一定需要伴随语言做出的、具备标准形式的约定俗成的手势，比如挥手告别，或者把一根手指放在嘴唇上让别人保持安静；（5）解释性动作：指必须和语言同时发生，且与它每时每刻的波动交织在一起的动作，比如一边说“向左拧就能打开”一边沿逆时针方向转动你的手。正如前文中所说，解释性动作也被称作“伴语手势”，顾名思义，它和语言联系紧密。[3]

手势是语言不可分割的一部分

多年前，还在读研究生一年级的亚娜·艾弗森带着一个有趣的问题来到了我的实验室。她想知道先天性失明的人会不会做手势。先天性失明的人从未见过任何手势，这会有影响吗？亚娜观察到做一项任务时，如果有视力的人会做手势，先天性失明的儿童和成人做相同任务时也会做手势——尽管知道交谈对象也是失明的人，看不到他们的手。而且他们用了和有视力的儿童和成人在完成这项任务时相同的手势。你不一定见过这种手势，也可以在说话时做出这种动作。[4]

亚娜的发现告诉了我们做手势背后的机制，即它的工作原理，但并未解答见过手势是不是某一种语言的母语者使用手势的必要前提。对于有视力者，我们说话时做出的手势主要是受语言结构的影响。比如，说英语的人只需要一个句子——“我跳着穿过街道”——就可以形容路径（穿过）和方式（跳着），并做出包含路径和方式的手势，即在移动手的同时扭动手指，路径和方式便合二为一了。但世界上的其他一些语言，比如土耳其语，会将路径和方式分开，分别放在不同的分句（对应英语中的“我穿过街道，跳着”）。说土耳其语的人不仅描述是分开的，他们的手势也是分开的——他们要么做两个手势（先扭动手指，再将不扭动的那只手移动过去），要么只做出一种表示路径的手势（将不扭动的手移动过去），这种更为常见。下图展示了这两种模式，左图是说英语的人，右图是说土耳其语的人。

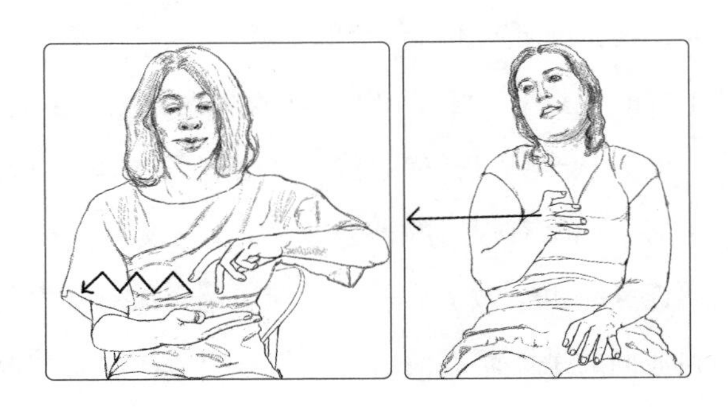

说英语和说土耳其语的盲人会在手势中展现相同的语言特性吗？这完全取决于手势是如何形成的，即其机制。如果只有看见过说英语或说土耳其语的人做手势才能学会的话，那么先天性失明的人应该不存在文化差异，所有盲人的手势都应该是相同的。如果你只需要学会语言就能和说英语或说土耳其语的人做相同的手势，那么说英语的盲人就应该和说英语的有视力者一样，说土耳其语的盲人也应该和说土耳其语的有视力者一样，这也恰恰是我们所发现的，正如下图所示（左图为说英语的盲人，右图为说土耳其语的盲人）。[5]

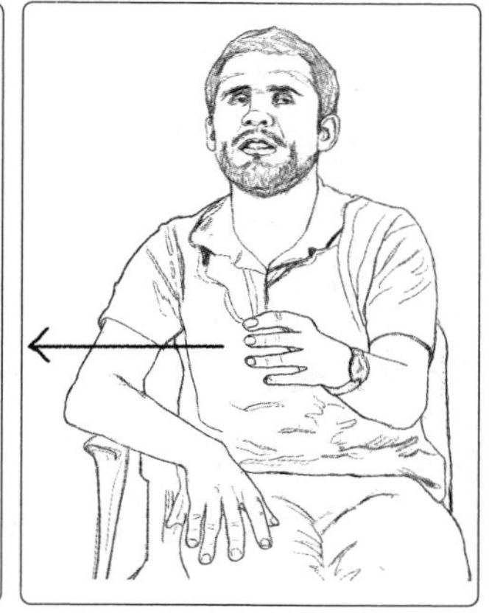

你只需要学会说一门语言就可以和它的母语者做一样的手势，尽管这可能需要一些时间，就像学习语言也需要一定时间才能达到母语者的水平。当然，这也并不是说盲人的手势和有视力者的

手势完全没有差别。如OK手势、竖大拇指等特定文化的象征手势需要进行学习，你可以通过视觉习得。如果你是盲人，也可以通过阅读或明确的指导学会它们。而遵循语言结构而生的手势，会在你学习这门语言时“不请自来”。

在先天性失明的说话者群体中发现手势的存在，提出了一个重要问题：他们的手势是为谁而做的呢？一个从未见过手势的人，在说话时给另一个从未见过手势的人做手势，这可不太像是做给倾听者看的。这些失明人士很可能是为自己做手势，因为这可以帮他们厘清思路。这并不是说他们的手势对于有视力的倾听者毫无参考意义，而是说它们可能并不是为了倾听者而做的。

不过，让我们回到手势与话语的结合方式这一话题。手势和伴随它的语言保持相同进度。当你说：“要想修好这根管子，你需要把它扳回来”时，你在说“扳回来”的同时，会铿锵有力地做出“扳回来”的手势。你放慢语速时，做手势的速度也会减慢，通常情况下你会保持这个手势，直到话语追上手势的速度。每当看到话语跑偏而手势也会与之保持相同步调，我都会感到惊奇——口吃者在口吃发作时会停止做手势。手和口始终共进退。[6]

关于手势，我们知道以及不知道什么

我们自以为了解手势的一切，而更有可能的是，我们完全忽略了手势。但我在前文中已经告诉过你，我们对手势有诸多误解，其中最大的误解是认为手势只反映感受，而与思考无关。1975 年，也就是艾克曼和弗里森提出他们的非言语行为分类法的 10 年后，英国社会心理学家麦克·阿盖尔罗列了非言语行为在人类交流中起到的作用。阿盖尔认为，非言语行为能够表达你的感情、向交流对象传达态度、展示你性格的多面性，还能帮你把握话题走向、接受并给予反馈、掌控交流对象的注意力。但是，这张清单中有一个明显的疏漏，那就是没有意识到非言语行为在传达信息的实质时所起的作用。[7]

对我来说，阿盖尔点明了大众对于非言语行为和手势的看法。回想一下前文中戴安娜的老师不想让她在说话时做手势，唯恐她的情感通过手势外露，再被别有用心的人用来中伤她。她并没有担心戴安娜的手势会出卖她的想法或者观点——可能她应该担心，毕竟戴安娜生性不受拘束。同样，我们认为手势会给我们打上骗子的标记，但我们不相信手势可以泄露谎言的内容。到目前为止，大众的观点都是对的——我们的手势的确可以让我们成为骗子，也可以出卖我们的情感。但同时，它们也能暴露我们的谎言内容或者泄露真相。换句话说，非言语行为——比如手势——能暴露我们真实存在的想法，以及我们对这些想法的感受。回想一下前文中艾米·富兰克林的学位论文中的例子：成人受试者按照要求，错误地把动画片中的猫描述为跳向柱子，但手势还是暴露出猫的真实动作其实是跑向柱子。他们甚至在撒谎时摇头，好像在告诉世人不要相信。新的研究同样发现，人们通常认为面部表情也是一种反映感受和感情的非言语行为，可以被当作了解他人对事件态度的情报来源。人们对世界的反应通常会表露在脸上，而包括婴儿和儿童在内的其他人则可以读懂这些反应。面部表情和手势都能够让旁观者一窥说话者的情感状态，但只有手势能够深刻反映说话者的思想。[8]

我们可能仍会情不自禁地把口语视为对话的全部，而把手势排除在外。对交流的传统理解确实如此——它把交流分为言语部分与非言语部分，却几乎不考虑两者互动所传递的意义。最先向这一观点发起挑战的是世界手势研究领域权威之一亚当·肯顿。他认为，至少有一种非言语行为——手势——是不能从对话本身分离出来的。戴维·麦克尼尔是一位美国心理学家，同时也是手势研究的“代名词”，他继承了肯顿的衣钵，在自己开创先河的研究中证明了说话时的手势与语言是紧密交织在一起的。这种交织不仅体现于“声画同步”，还在于意义勾连。对手势视而不见等同于错过对话的一部分。[9]

至此，我们已经思考了做手势的原因，也了解了手势与其他非言语行为的不同之处在于它可以为对话增添实际的想法。那么，手势可以为对话带来什么呢？它可以把注意力导向房间里的人、位置和事物：比如用手指向你的交流伙伴、天花板或是一本书。

除此之外，它也可能把注意力导向不在场的人或物：比如通过指向你朋友之前坐过的椅子来指代他，或是通过指向房间里的一本书来指代你放在楼上的书。手势还可以强调物体轮廓或是动作轨迹：比如描绘蛇的S曲线，或者用手模仿蛇丝滑的动作。手势同样可以在空气中"打比方"：比如手指彼此缠绕，形成一个整体，这可以用来形容你与配偶关系紧密。

所有手势"说"的话都可以通过话语表达出来，但手势传达的信息与单纯的话语表达相差甚远。如果你在谈论咖啡壶时用手指向它，你其实是在用嘴解释它是什么，用手说明它在哪儿。作为一种感官，手真的很擅长在空气中描绘场景、追寻轨迹和引导视线。它为话语注入了画面感和运动感，也让话语变得更加丰富。

但是，有时候手势能做的远不止于此。它可以为话语增添更多信息，这些信息并不存在于同期的话语中，却对理解话语起着至关重要的作用。一个成人在描述他刚看过的动画片时说："这只手正在启动车子。"这个奇怪的表达让人难以理解，除非配上一个正在转动的手势。这个手势可以告诉倾听者这是一辆旧车，只能用手柄启动。在有些情况下，话语可以独立完成其功能，但如果结合手势则会更清晰易懂。一个丈夫坐在客厅里同妻子讲着孩子们当天做的事，他说："他们做了一个蛋糕，对吧？"这句话看似简单扼要且无歧义。但当说到"蛋糕"这个词时，这位丈夫朝花园做了个手势。这个手势表明，蛋糕并不是在厨房而是在花园里做的，用的也不是面粉而是泥巴。手势可以传达同期的话语中无迹可寻，甚至毫无线索的信息。如果你闭上眼睛，就会错过这一信息，并且很可能会误解说话者有意或无意传达的信息。我们又一次看到对话远不只是包含话语。[10]

我们已经见识了手势与话语多种多样的联系。一方面，手势可以强化它伴随的话语所传递的信息，并使其具象化，更具画面感和运动感。另一方面，手势也可以为话语增添无迹可寻的信息。在本章余下的部分，我将聚焦于手势+话语组合，因为它强调了如果不注意手势，你会错过多少。

当手势信息与话语不一致

我的第一个研究生R.布莱金里奇·丘奇——人们都叫她布莱奇——发现了之后被称作“手势-话语错位”的现象。作为背景介绍，每年我都会在自己的发展心理学课程上展示一段著名发展心理学家，同时也是我在宾夕法尼亚大学的两位指导教授之一的罗杰·吉尔曼给我的视频。这段视频展现的是一个孩子参与瑞士享誉世界的心理学家让·皮亚杰的儿童守恒实验的场景。实验人员给一个孩子展示了两排数量一致的跳棋，并问两排棋子的数量是否一样。孩子看了看，给出了肯定回答。然后，实验人员把其中一排棋子分散开来，再问孩子两排棋子是否一样多。成人可能会给出肯定答案，能够意识到棋子数量不会受移动影响而变化的儿童也是这么认为的。但不守恒儿童①坚定地认为棋子的数量发生了变化，这便是皮亚杰的重大发现。为了弄清儿童到底是怎么想的，他让这些不守恒儿童解释一下自己的答案。不守恒儿童认为，分散的那排棋子更多的是因为“你挪动它们了”或者“它们占了更多空间”。但皮亚杰遗漏了这些解释的一部分：每个孩子在解释自己的不守恒观念时都做了手势。在课上年复一年地观看这个视频之后，我终于看见了那些手势，并建议布莱奇开发一个用来形容这些手势的理论体系。[11]

皮亚杰在儿童话语中找到的每一种解释，都能找到对应手势，布莱奇也为此研发出了一套编码系统。在某一时刻，我们决定必须确保话语编码不会影响手势编码。所以，布莱奇在对话语进行编码时关闭画面，在为手势编码时关闭声音。于是，她发现了一个有趣的现象：有时一个孩子的手势所表达的解释与其话语给出的解释并不匹配。举个例子，这个孩子说：“数量不一样多，因为你挪动它们了。”这是一个关注实验人员做法的解释。但同时，他却用食指从第一排的第一个棋子指向第二排的第一个棋

① 皮亚杰的守恒实验包括三个方面的内容：数量守恒、质量守恒和容积守恒。本段的跳棋实验属于数量守恒，前文出现过的倒水实验属于容积守恒。皮亚杰将儿童在物体的表现形式改变后认为物体数量、质量、容积也发生了变化的现象称为“不守恒”。——译者注

子，到第一排的第二个棋子，再到第二排的第二个棋子，这样沿“Z”字形推进。从他的手势中可以看出，他能够指出两排棋子间的一一对应关系，这是理解数量守恒的关键步骤。下图中的不守恒儿童，尽管嘴上说着一排棋子分散开后和另一排棋子的数量不一样，但看起来已经有点儿理解守恒了——至少他的双手理解了！

把这个孩子和另一个说“数量不一样多，因为你挪动它们了”的不守恒儿童进行对比。如下图所示，这个孩子的手势也在传达信息，他做出了表示散开的手势。这个孩子的手势和话语的信息是一致的，即手势-话语匹配，没有任何迹象表明他对守恒有丝毫了解。

如结果所示，许多不守恒儿童出现了手势与话语不一致的

"错位"，但有些儿童没有这种情况。我们假设错位比较多的儿童可能比错位少的儿童更了解守恒实验，并能从指导中收获更多。我们给所有儿童都上了一节数量守恒课，并统计了课后对数量守恒概念的认识有所进步的人数。正如我们所料，相较于无错位的孩子，课前有手势－话语错位的孩子在课后能更好地理解守恒概念。手势－话语错位是一个绝佳的信号，可以分辨出谁做好了学习这个概念的准备，而谁还没有做好准备。[12]

为什么这是一个重大发现？因为手势反映了学习者的思想，并向我们展示了他转变思想的可能性。在课前了解哪些学生已经准备好从指导中受益，可以让教师更加明确教学目标：他们可以用不同的方法指导有错位和无错位的学生。我们在本章后面的内容会看到，教师们自然而然地就这么做了，不需要我们提醒。所以，手势承载着信息，不仅被教师看到了，还被他们使用了。除交流意义之外，儿童的手势连同他们的话语也具有认知意义。守恒实验中，所有儿童都会做手势，所以是否做手势并不能用于预测一个孩子是否已经做好了学习守恒概念的准备。更确切地说，一个儿童的手势中是否蕴含无法从话语中发现的信息，才是预测做好这一特定认知转变的人选的关键。

但是，我们要如何才能知道手势－话语错位的预测能力并不只是针对守恒实验或者 5~8 岁的儿童呢？为了探究这一现象的普遍性，我们将目光投向了数学。在美国，四年级的学生在解类似 4 +

6 + 3 = __ + 3 的问题时还很困难。等式右边的 3 令他们困惑，不知道该拿它怎么办。有的孩子把等式左边的所有数字加在一起，在空格处填上 13。其他孩子则把题目中的所有数字加在一起，在空格处填上 16。

我的第二位研究生米歇尔·佩里给一群 9 岁或 10 岁的孩子布置了相似的问题，并让他们解释自己的解答过程，而所有的答案都是错的。在这之前，我们已经知道了手势和话语要分开研究，所以米歇尔在编码话语时关闭画面，编码手势时关闭声音。她注意到大多数孩子在解释的同时都会做手势，有些学生的手势和话语表达了同一种解题策略，也就是匹配者。比如，他们说："我用 4 加上 6 再加上 3，得到了 13。"同时指着对应的数字（等式左边的 4、6 和 3），这便是"等号前相加"策略。但有大约 1/3 的孩子的话语和手势表示的是不同的解题策略，即错位者。比如，他们的话语表达的是"等号前相加"策略，却用一个V形手势指着 4 和 6，再用另一只手的食指指向空格，这就是分组策略，这种策略突出了等式左边的两个数字可以组合且相加，并把和填在空格处。我们再一次认为，相较于匹配者，错位者可能要比他们话语中所展现的更能理解这类问题。我们筛选出一道题都没有做对的孩子，给他们上了一节数学课。如果错位者儿童真的做好了解答等式问题的前期准备，他们的课后表现应该比匹配者儿童更好——确实如此！可见，手势-话语错位并不只在针对 5~8 岁儿童或者守恒问题时才有效。[13]

实际上，手势–话语错位在多种任务中都可以见到，也发生在人的各个年龄段：蹒跚学步的孩子的词汇量呈指数增长；学龄前儿童解释游戏规则或者数物品数量；上小学的儿童讲述季节变化；青少年对不同材料的棒体何时会弯曲以及弯曲的厚度做出预测；成人解释齿轮的工作原理，或者有关常数变化的问题；全年龄段的人都会谈论道德困境，或者解释他们是如何破解逻辑谜题（河内塔谜题）。[14]

安亚娜·拉什米是我实验室的一名研究生，她正将手势–话语错位引入新的学科领域：社会评估。她请成人受试者谈论不同群体的能力，同时观察他们说话时的手势。大多数人都使用垂直坐标轴的手势来形容能力。换言之，他们在一个上下向的连续统内做手势，当形容公认的高能力群体（如外科医生、成功商人、高水平运动员等）时，手的位置会比较高，而在形容能力较弱的群体（如老人、无家可归者和儿童）时，手的位置会更低。接着，安亚娜请他们将两个群体的能力进行对比，比如男性和女性群体的能力。在很多圈子里，认为男性比女性能力更强的言论是不可接受的，尽管如此，很多人依然认同这一说法。安亚娜的发现正如前文中提到的那样，有些人认为男性和女性的能力相当，但说到男性能力时的手势要比提起女性能力时的手势在垂直坐标轴上位置更高。尽管他们认为自己相信男性和女性都同样有能力，但他们的手势显示，他们似乎在潜意识里并不这么认为。至少，一个成人说男性和女性都有能力，但手势却显露出性别的不平等，这一事实反映了说话者的矛盾心理，也表明说话者可能处于一种不稳定的状态。而这位说话者之后是否更相信男女平等，可能取决于他或她在这种状态下接收到的意见的类型和说服力。[15]

在各个年龄段的人身上以及各种任务中，手势都透露了人们未说出口的观点，当与所伴随的话语相联系时，它可以预测人们对变化的开放程度。刚开始学说话的婴儿每次只能说出一个字，这些婴儿还处在单字阶段，但他们可以把单词和手势联系在一起。手势的含义有时会和单词的含义相重叠：比如把单词“鸟”和指向一只鸟的手势结合起来。但在其他组合中，手势和单词之间没有本质上的交集：比如把单词“打盹儿”和指着鸟的手势结合起来，描述的便是一只闭着眼睛的鸟的图片。第二种形式的组合便起到了双词句的作用：鸟打盹儿。可以确定的是，如果我们过几个月再看，就会发现使用手势和语言表达不同意思的组合（指着鸟+“打盹儿”）的孩子，已经可以造出他们的第一个双词句了（“鸟打盹儿”）。而手势和话语机械重叠（指着鸟+“鸟”）的孩子则做不到这一点。在这里，做出传达不同于话语信息的手势也释放了一个信号——你已经具备学习的基础了。[16]

我们在年龄更大的学习者身上看到了类似的结果。在一个实验中，我们测试了一群学过基础化学但没学过有机化学的大学生，看他们对立体异构体——互为镜像且不可重叠的分子组合——的理解程度。任务是画出一个分子可能存在的立体异构体，而这些大学生对立体异构体一无所知，因此没人能够成功地完成任务。然而，当让他们解释自己的答案时，有些学生做出了与问题相关却与话语信息不一致的手势。前文插图所示的就是这样一个学生：他的话语中没有提及旋转，但他却做了旋转的手势。我们给所有学生简单地上了一课，教他们分辨两个分子是否为立体异构体的方法，并再次测试。学生用手势表达的与问题相关的信息越多，与课前演讲中传达的信息越不同，他们在接受指导后就越有可能取得进步。尽管我做过的大多数实验都是有关儿童的，但我坚定地相信我们在儿童身上的所有发现都适用于成人。无论老幼，手势都是通向其思想的窗口。[17]

我们的思想往往在不知不觉中通过双手“发声”，告诉全世界我们已经准备好接受新的信息了。世界在听吗？

看懂我们的手，读懂我们的心

不能借助视频回放的一般倾听者，能注意到手势和话语所传递的信息不一致吗？或者更确切地说，一般倾听者能察觉到手势传递了话语中不存在的信息吗？布莱奇·丘奇第一次处理守恒实验的录像时是同时给话语和手势编码，所以没有察觉到手势和话语有时传递着不同的信息。在人为地将两个频道分开后（先浏览一遍视频给话语编码，再浏览一遍视频给手势编码），她才发现两者的不同。为什么这种不同难以察觉？作为倾听者，我们总是会将从手势中看到的信息和话语中听到的信息无缝衔接在一起，于是我们也分不清某一具体信息究竟来自哪里。但这并不意味着我们不能从手势中汲取信息，本节内容将评估没有接受过手势编码训练的人从手势中汲取信息的可能性。[18]

最简单的一种判断方式就是问倾听者听到了什么。戴维·麦克尼尔是手势研究领域的巨擘，也是我在芝加哥大学的同事，他和他的团队让成人受试者观看动画片《小小鸟智斗黑猫》的解说视频。受试者并不能看到动画片的画面，只能看到解说人的手势和听到解说人的话。他们不知道的是，解说人的手势是经过精心编排过的，与动画片的画面并不匹配。这些成人的任务是复述这个故事，而复述的过程也会被录像。另一组成人则只听到了解说的音轨，看不到解说人的画面。

麦克尼尔和同事发现，这些成人吸收了解说人手势中的信息，对此浑然不觉。我们来看个例子。解说人说着："它从柱子底下出来。"手却上下跳动。他的话语中并没有提及那只追鸟的猫是从柱子上跳下来的，却用跳跃的手势暗示了这一点。一位受试者复述道："它走下楼梯。"手势却没有跳跃的动作，而是一直向下呈直线动作。这位受试者只提取到了解说人手势中的跳跃动作，并用自己的话语进行了解读（“走下楼梯”）。她一定是将跳跃的手势以某种足够普遍的形式储存在了记忆中，以方便她进行语言上的再创作（楼梯）。她并没有说是解说人的手势让自己形成猫是走下楼梯这一印象的——我猜测她自己也不知道这个印象是怎么来的。手势的影响力可能部分来自它的微妙之处。[19]

我们知道哪怕自己不人为制造手势–话语错位，一般倾听者也可以从手势中获取信息。我们挑选了几个儿童自然做出的手势和话语的例子，它们都来自我们的守恒实验和数学实验。这些例子有一半是手势–话语匹配的，另一半是手势–话语错位的。每个例子都会向成人展示两遍，这位成人只需要告诉每个孩子在特定问题上的推理即可。我们认为，那些每天与孩子互动的人，以及经常要评估技能的人或许能很好地理解手势；因此，我们在每项研究中安排的受试者有 1/2 是教师，1/2 是本科生。[20]

成人对孩子的手势–话语错位会有何反应呢？如果他们只能对孩子移动双手（而不是对双手所蕴藏的信息）做出回应，那么他们应该会对匹配和错位做出相同的反应。但是，如果他们能对孩子手势的内容做出回应，那么他们应该就会对匹配和错位做出不同的反应。错位具有话语和手势双重含义。如果成人是从手势中汲取信息，他们在评价一个表现出错位的孩子时应该比评价表现出匹配的孩子时说得更多。事实也的确如此。在这两项研究中，成人都是在评价错位者而不是匹配者时提到了错位儿童话语中无迹可寻的信息。更重要的是，在大多数情况下，这些额外的信息都可以追溯到错位者做出的手势。

举一个例子。我们向成人展示了本章前文所述的守恒实验：一个孩子认为将棋子分散开后两排棋子的数量就不一样了，并说道："你挪动了它们"，但他的手势表明一排的棋子可以与另一排的棋子一一对应。一开始，这位成人重复了孩子的话："你挪动了它们。"但她同时注意到了孩子的手势，于是接着说："他指着……尽管没用语言说出，但他在将棋子一一对应。"这位成人将推理归功于孩子，这种推理只出现在孩子的手势中（一一对应），以及出现在孩子的语言中（棋子已经被移动）。在这个例子中，成人明确地提到了孩子的手势，但并不是所有的情况都会这样——有时，成人会将孩子手势传达的信息翻译成自己的话语，就像麦克尼尔和他的同事研究的受试者。

令人意想不到的是，在从儿童的手势中提取信息方面，教师并没有比本科生做得更好。但这个结果真的不应该出人意料：整合手势和话语的信息是每个人交流系统的基本功能。[21]

未经过训练的成人在观看我们展示的最具代表性的手势–话语错位的视频时，仍然能够从手势中获取实质性的意义。比如，我们选择了清晰可观察的例子，即儿童使用手势将一排棋子与另一排棋子两两配对。或许成人就是情不自禁地注意到孩子的手势，并从中汲取了实质性的意义。但我们搭建的这一情境距离实际生活太遥远，所以我们通过两个步骤创建了一个更加自然的阅读手势的情境：我们让一些成人观察现实生活中孩子任意做出的手势，而让另一些成人对这些孩子开展教学。

我们请成人观看一系列儿童对皮亚杰守恒实验的反映。每个成人可以从教室中随机选择 4~7 名儿童进行观察。当然，我们不能像视频实验中一样，在每个任务结束后让孩子停下来并让成人评价孩子对任务的理解。我们需要一种能让成人对孩子的表现进行实时评价的方法。为了解决这一问题，我们给每个成人发了一张清单，每一项都代表着这个孩子将要完成的任务。每张清单都包含孩子们对任务的典型解释，既有正确的也有错误的。成人的任务是勾选孩子在完成任务的过程中对每项任务的解释。这套清单法使成人可以在实验进行的同时评估孩子的表现。

在研究的所有数据都收集完毕后，我们对孩子所做出的解释进行了编码和分析。幸运的是，这些孩子中既有错位者也有匹配者，这样我们就可以分辨出成人是否只提取了手势中的信息。正如我们预测的那样，当孩子用手势解释时，成人更倾向于勾选孩子手势中出现的解释（在错位情况下），而当孩子根本没有解释时，成人则不太可能勾选。成人倾听者可以理解手势中蕴含的信息，哪怕是未经加工，甚至转瞬即逝的信息。儿童倾听者也可以做到这一点。[22]

但是，我们研究中的成人并不是真正的倾听者，他们充其量是孩子和别人做任务时的旁听者和旁观者。我们十分需要研究成人参与对话。当时，实验室的一名研究生梅丽莎·辛格提出，先邀请专业教师旁观我们给一个孩子做数学等式测验。这些教师的任务是关注每个孩子的回答和解释，这样便可以在教他们之前了解每个孩子的情况。在旁观一个孩子做数学测验之后，教师会用自己的方式教他如何解答同类型的题目——换言之，这位教师本人真正参与到了对话中，并且是一个真正的倾听者。一共有 8 名教师参与到这项实验中，每人都依次观察并辅导了大约 5 个孩子。有趣的是，教师们会留意孩子在数学测试和课堂上是否出现手势-话语错位的情况。他们并没有明确表示自己阅读了孩子们的手势，但我们看得出来，因为他们对待错位者的方式与对待匹配者不同。教师们向出现手势-话语错位的孩子提供了更多不同类型的解题策略，而对没有出现手势-话语错位的孩子提供的解题策略更少。在与出现手势-话语错位的孩子互动时，教师自己也会产生更多的错位。但这些教师并不是在复制学生的错位，他们的错位包含两种不同但正确的解题策略；而孩子们的错位包含至少一种错误的策略。教师的错位是自发产生的。[23]

为什么教师也会产生错位？因为这些教师对自己关于数学等式的理解也无十足的把握。不过，我认为他们可能也为如何教授一个手口不一的孩子而犹豫不决。这种犹豫可能导致他们在教授错位者儿童时，自己也做出了错位手势。

指导中包含两种正确策略，似乎是教授一个处在转变边缘的孩子的好方法。可事实果真如此吗？为了弄清这一点，在接下来的实验中，梅丽莎和我也向错位儿童提供了与之前其他教师教授相同的指导。让我们没想到的是，我们发现手势–话语错位在促进学习方面效果明显，超越了其他所有的指导方式。我们会在本书的第三部分进一步讨论这一点。[24]

本章中的例子阐释了手势如何提供了一扇特别的了解人们所想的窗口。手势可以让你直观地看到儿童或成人学习者开口之前努力思考的想法。对学习者想法的早期洞察让你可以有机会培养这些想法，从而为眼前的学习者量身定制适合他的学习指导。当然，只有当你可以从学习者的手势中提取实质性的信息时，这种定制才会起作用——但你确实可以做到。你可以读懂所有说话者的手势，不仅仅是儿童的。让手势在学习中发挥重要作用的最后一个步骤，便是对你看到的手势进行回应并改变自己相应的行为。你真的可以做到，不仅是在观察实验人员精心编排的手势时，还有当你与他人互动并看到他们自发做出的手势时。

这便是最终结论。说话者往往通过手势展现他们对认知任务理解的新想法，以及对社会群体的评价。手势也透露出他们对于改变这些理解和评价的准备程度。倾听者可以通过观察手势来正确理解说话者的想法，并给予建议以得以改变。这意味着，任何年龄段的人仅凭说话时的手势，都有潜力影响和塑造来自他人的有关认知和社交成长的输入。

第 3 章

手可以改变我们的思维

我们已经了解了手势如何能够揭示你自己都未曾察觉的想法，但手势也能改变你的想法。还记得我们在前文中提到的朋友吗？他用手势将自己关于男性和女性领导能力的观点无声地外化了。他的真实想法和他声称的“男性和女性都可以成为好的领导者”并不相符——他的言行也不匹配。上一章中我们看到，在任务中呈现出手势–话语错位的人已经具备学习新任务的基础。所以，这位嘴上说着男女平等，但手势上与之相悖的朋友，已经处在转变的边缘了。他更倾向于相信男女平等，还是更相信男强女弱，具体向哪个方向转变将取决于他在这种状态下接收到的观点。

我们让这位朋友和一位言行都认为男性和女性能力相当的人——说起男性和女性时手势高度一致——接触一下，让他看到对方表示能力相当的手势，再配合性别及领导风格的相关课程，或许就可以消除我们这位朋友的言行错位，并使其确信两性能力相当。如果我们能让他做出“相等”的手势，他甚至可以转变观念，朝相信两性能力相当的方向发展。我将在本章探究这类可能性，我们将看到你见到或做出的手势，具备改变你的想法的能力。

看他人做手势可以改变你的想法

下次和别人对话时记得留意你的手势：每个人，包括你本人，都可以阅读他人的手势——哪怕你完全不自知。但你能阅读他人的手势，并不能在科学上证明他人的手势可以改变你的想法。我们要做的是，用手势指导一部分学习者，对另一部分学习者则不使用手势，看看有什么发现。如果看到别人的手势就可以改变他人的想法，那么看到手势的学习者就会比没有看到手势的学习者的课后表现更好。玛莎·阿里巴利和她的学生妮可·麦克尼尔（也是我的徒孙女）就做了这样一个试验：玛莎分别用有手势和无手势的方法辅导小学生数学。孩子要按照视频中说话者的指示搭积木。视频中的人说：“找到一个画着向上箭头，且箭头上方有笑脸和矩形的积木。”说话者面无表情，并且做出以下三种手势中的一种：强调型手势（说“向上”和“上方”时做出对应的手势），矛盾型手势（说“向上”和“上方”时分别做出“向下”和“下方”的手势），或不做手势。课程结束后，看到强调型手势的孩子比看到另外两种手势的孩子表现得更好。玛莎做了第二组实验进行对照——教给学龄前儿童对称的概念（一个物体可以被分为完全相同的两部分）。她同样发现，看到强调型手势的孩子的课后表现要优于没看到手势的孩子。[1]

最后，发现了手势–话语错位的布莱奇·丘奇分别以做手势和不做手势的方式教两组小学生守恒的概念。两组学生分别是正在学英语的西班牙语母语者，以及只以英语为母语的学生。辅导之后，英语组学生的表现要好于西班牙语组，这并不奇怪，毕竟这个测试是用英语完成的，而真正令人惊讶的是手势的效果。两组中看到手势的学生的表现都要比没看到手势的更好。在辅导中加入手势对母语者和非母语者的帮助效果是等同的：当使用手势时，两组取得进步的可能性比不使用手势时翻了一番。无论是精通某一门语言还是只是初学者，手势都可以帮助儿童学习。[2]

在以上三个实验中，课上的手势和话语都是匹配的。由于发现教师会在课上不自觉地产生手势–话语错位，梅丽莎·辛格和我大胆地将不匹配的手势也纳入了实验。我们的疑问是，一节包含错位手势（一种正确，但与另一种正确的话语策略有出入的手势策略）的课程，是否也能促进学习。严重剧透：我们觉得不能。但我们错了。

如前文所述，我们用语言给所有孩子做数学等式的辅导（教他们平衡策略）。比如，在解 5 + 2 + 7 = __ + 7 这道题时，所有的孩子都会听到实验人员说："你必须让一边等于另一边。"有些孩子还会看到与之匹配的手势：用手先扫过等式左边，再扫过等式右边。有些孩子则会看到不匹配的手势：用手指着左边的 5、2 和 7，再从右边数字 7 下方做一个推开的手势，也就是加–减策略（先把左边的所有数字相加，再减去右边与之重复的数字）。而有些孩子则根本没看到手势。课程结束后，孩子们又接受了一次数学等式测验。

令人惊讶的是，错位组的孩子表现得最好，比匹配组和无手势组都要好。事实证明，手势和话语采取不同的策略对学习非常有益。你可能会说："这是肯定的，错位（话语采取平衡策略，而手势采取加–减策略）要比匹配（话语、手势都只采取平衡策略）包含的信息更多。当然，两种策略比一种策略更有益于学习。"但为了解决这个问题，我们用两种策略（平衡策略与加–减策略）辅导另一组儿童，但只体现在话语中。这组的表现要比上述三组都差。使用两种策略的好处只出现在话语和手势各使用一种的情况下。当手势为话语添加辅助信息时，一件高效的教学工具就诞生了。[3]

"伴语手势"的定义是伴随话语而产生的手势。那么为了促进学习，在说话的同时做手势很重要吗？教师可以在话语中采取一种策略，紧接着手势上采取另一种策略。或许就学习而言，有次序地使用这两种信息会比同时使用的效果更好。

为了一探究竟，一名我之前的研究生伊莱扎·孔顿主导了一个用话语平衡策略指导儿童的实验。第一组在听平衡策略的话语的同时，会看到加–减策略的手势（话语 1 和手势 2 同时进行）。第二组是先听平衡策略的话语，再看到加–减策略的手势（先话语 1，后手势 2）。第三组是先听平衡策略的话语，再听加–减策略的话语（先话语 1，后话语 2）。

无论何时，我们的第一目标都是希望学生在教学后取得更好的表现。但第二目标是保持教学成果，我们希望学生能记住所学的知识。所以，我们不仅在教学结束后立刻进行测试，还在一周后和四周后都进行了测试。这里，我们想检验的是所学知识的留存情况。

教学的第三目标是让学生能够举一反三。在上述三个时间点，我们都给学生准备了与教学时完全一样的题目（除了具体数字不同）。比如，教学时使用了 4 + 5 + 7 = __ + 7，我们就会出 3 + 4 + 6 = __ + 6 这种只更换数字的题目。我们也准备了需要学生根据所学的等式形式进行类推的题目。比如教的是 4 + 5 + 7 = __ + 7，考的却是 3 + 4 + 6 = __ + 8。请注意，这里不仅是数字发生了变化，等号两边也不再出现重复的数字了。要解出这道题，孩子们不能只机械模仿，而是要真正理解等号的意义。这里我们想检验的是学生对所学知识的类推能力。

不出所料，正如梅丽莎·辛格和我共同做的实验一样，与话语同时呈现的手势取得了极佳的效果。在知识留存情况方面，接受话语和手势同时呈现的孩子的表现要优于只接受话语传递信息的孩子。实际上，手势–话语同步组的孩子们的表现一次比一次好，虽然他们没有再接受任何额外的指导。这组孩子对知识的类推能力也要优于只接受话语指导的孩子，他们在举一反三解决问题方面的表现也一次比一次好。看起来，手势为持续性进步搭建了舞台，甚至不需要额外的指导。手势是取之不尽的礼物。

时机是否重要呢？答案是肯定的。手势只有在与话语同时呈现时才会有效，在话语之后呈现，效果就会大打折扣。实际情况是，依次受到手势和话语指导的儿童（以及依次受到两种话语策略指导的儿童）的表现一次比一次糟糕，尤其是在需要类推能力的问题上。如果手势出现在话语之后，倾听者会在整合两种感官模式所传递的信息方面出现困难。两者的同时呈现可以无缝衔接两个步骤。[4]

使用手势进行指导能一直促进学习吗？我们来看一个我们让教师指导儿童学习等式的例子，并思考其中的交流。当教师让一个孩子解答 7 + 6 + 5 = __ + 5 这道题时，这个孩子把等式左边的数字都加在一起，并在空格处填上 18。这位教师用语言指出这个孩子在使用“等号前相加”策略。她说：“所以，你是把这 3 个数字加起来得到的这个结果。”但她的手势却指着等式左边的 7、6

和 5，并且也指了等式右边的 5。紧接着，她试着讲解这道题的正确解法，但在她讲完之前，这个孩子又提出了一个新答案：23。我们可以看出，23 是教师所指的所有数字的总和。这位教师着实为她学生的新答案感到惊讶，但全然不知让学生产生把所有数加起来这一念头的人，可能正是她自己。儿童看到的手势都会对课上所学的东西产生正向或反向的影响。手势确实有利于学习，但它也可能成为学习的阻碍。无论如何，手势的力量总是强大的。

做自己的手势可以塑造接收的输入，从而改变你的想法

你自己做手势的时候又会发生什么呢？它会告诉别人你在想些什么。如果他们能从这些手势中提取信息，并用这些信息向你提供量身定制的输入，那么这些输入会比你没有做手势时更好。我们已经了解到，一般倾听者可以读懂说话者在说话时自发做出的手势，尽管他们可能只是下意识地收集这些信息。但若想调动这项机制运转起来，倾听者不仅要将注意力集中在说话者的手势上，还要在对手势的回应中改变说话者的输入，最好是将其改造成易于说话者理解的形式。

我们可以在梅丽莎·辛格的实验中看到，相较于给手势匹配的学生，教师更倾向于给手势错位学生多种输入。有趣的是，他

们自发给予手势错位学生的输入要比给予手势匹配学生的更有利于学习。一般情况下，教师应教给学生多种解题方式，因为这样才能令学习效果最大化。而我们实验的新发现表明，教师只会自发地为手势错位学生讲解多种策略，因为这些学生已经具备使用这些策略的基础了。学生错位的手势似乎让教师意识到他们已经准备好学习了，作为回应，教师会向其提供促进学习的指导。[5]

我们可以在语言学习的早期看到师生间的步调一致，而在下面这个例子中，亲子间也存在相同的情况。正如我们之前在鸟+“打盹儿”例子中所看到的，婴幼儿可以将单词和手势关联起来，从而表达出一个双词句的意思（比如指着妈妈+“杯子”），并且这些都发生在他们开始造双词句之前（“妈妈杯子”）。这类手势+单词组合发出了一个信号，表示孩子已经为下一阶段造双词句做好了准备。那么，家长会回应这个信号吗？是的，他们会把孩子的手势+单词组合口头翻译成句子：“对，那是妈妈的杯子。”但家长们翻译的频率因人而异，而频率正是关键所在。经常把手势+单词组合翻译成句子的家长的孩子会率先造出双词句。家长的定向回应可以帮助他们的孩子迈出造句的第一步。请注意，是孩子的手势+单词组合引出了家长的定向回应。孩子们只动了动手，便引来了他们所需要的输入。[6]

做自己的手势会影响你的思维，从而改变你的想法

你做出的手势不仅可以通过影响他人的输入来间接改变你的想法，还可以通过影响你的思维来直接改变你的想法。首先，我会告诉你在哪些情况下你自己的手势会阻碍思考，然后再转向手势帮助你思考的情况。

你的手势可能造成你的失败。当西恩·贝洛克和我在芝加哥大学做同事时，我们设置了一个情境，在这个情境中，成人做出的手势有可能影响他们在任务中的后续表现。我们选择了河内塔谜题作为任务，因为人们很难在解释这个任务的时候不做手势。正如前文所述，河内塔是一个包含三根柱子和一堆圆盘的谜题。目标是将所有的圆盘（这些圆盘在一根柱子上从大到小叠在一起）移动到另一根柱子上，遵循两个原则：一次只能移动一个圆盘，且不能将较大的圆盘置于较小的圆盘之上。所有的成人都成功地完成了任务，尽管有些人花费的时间比别人更长，或者移动的次数更多。之后，我们请他们解释自己的解题过程。这些圆盘都有重量，越大越重，越小越轻，但没人提到圆盘的重量。他们只提到了他们把这些大小不一的圆盘放在哪里。但是，他们的手势却将圆盘的重量带入解释中。说到最小的圆盘时，有些人就会做出单手手势（见左图），而有人则做出双手手势（见右图）。[7]

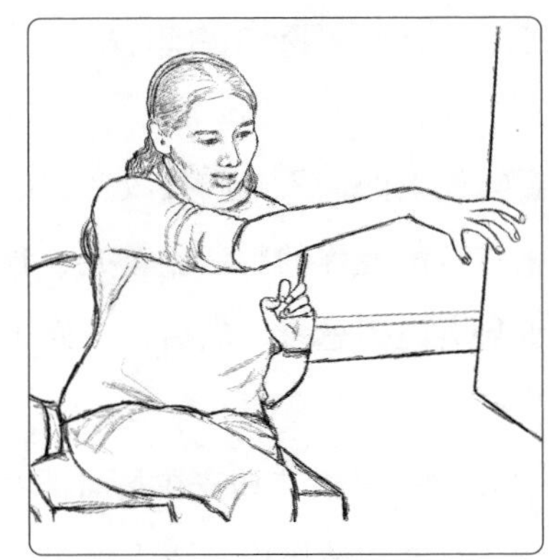

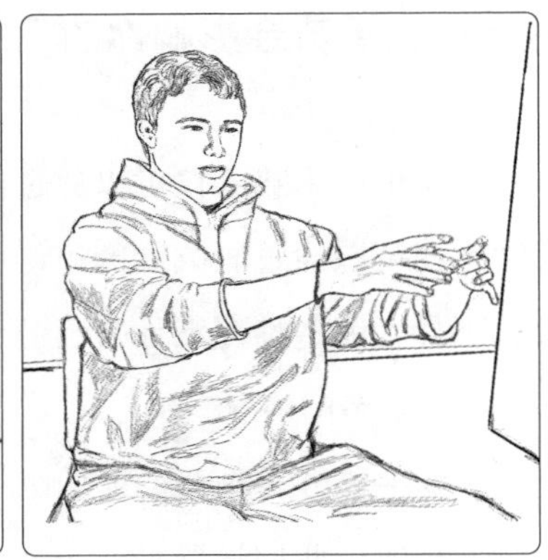

最小的圆盘可以用单手或双手移动，所以成人受试者在这一维度上有所分化是很有道理的。但结果证明，使用单手还是双手会对他们在下一次解题时产生影响，就在他们给出解释之后。

正如我在前文中提到的，当这些成人第二次解河内塔谜题时，他们中有些人会感到惊讶。有一组成人在第二次解谜时用的是第一次的圆盘，也就是最大的圆盘最重。而另一组则在第二次解谜时使用了和第一次看上去一样，但在另一方面有所区别的圆盘：最小的圆盘最重，而最大的圆盘最轻。这样做的意义在于，对这一组而言，第二次任务中最小的圆盘无法单手拿起，必须使用双手。

这一次，用同一套圆盘的组完成任务所用的时间更短、移动次数也更少。使用更换后的圆盘的组则比第一次用了更长的时间和更多的移动次数才解出谜题。有一个有趣的发现：我们凭借观察他们解释时做出的手势就可以预测谁会在第二次任务完成得更慢。在谈论最小的圆盘时使用单手手势的人，在第二次任务时的表现不如那些使用双手手势的人。在解释过程中使用单手手势越多的人，在第二次解谜任务中的表现越差——仅限于更换所用圆盘的组。而对于两次使用同一套圆盘的组，根据他们做出的手势并不能预测他们之后的表现，因为最小的圆盘用单手或双手都可以拿起来。

或许用单手手势形容最小圆盘的人已经预设这个圆盘很轻，也正因如此他们才会使用单手手势。如果真是这样，那么这些成人的手势就没有塑造他们的想法，反而是他们的想法塑造了他们的手势。为验证真相，我们以相同流程又做了一次实验，只是这次我们不再要求受试者描述自己的解谜过程，这样他们就不用做手势了。如果手势反映了他们的想法，那么这一调整将不会产生影响，结果也不会改变。但如果手势改变了他们的想法，那么实验结果将会有所不同，只因他们没有做手势。结果，实验结果与上次大相径庭。现在，两组在第二次任务的表现看起来差别不大：他们完成任务的速度都更快了，移动次数也更少了。这一结果说明，当成人使用单手手势时，他们受到手势的影响会认为最小的圆盘是轻的，进而影响了他们第二次解决河内塔谜题的方式，所以他们用了更多的时间和步骤。如果他们不使用手势，则在第二次解决河内塔谜题时没有任何问题。[8]

人们会在描述情景时做手势，无论是系鞋带、转动齿轮，还是使积木保持平衡。通常，这些手势传达的信息反映了他们对这些物体所执行的动作，而且只会出现在手势中。也就是说，这些信息并没有在所伴随的话语中传达出来。我们的河内塔谜题表明，这些动态的手势不仅对倾听者，对做手势的人也会产生影响，而且并不总是产生积极影响。[9]

你的手势可以造成学习迟缓。芝加哥大学的两位博士所做的实验提供了另一个手势会妨碍到你的例子。这两位分别是将手势应用于数学教学的玛莎·阿里巴利，以及在欧洲大陆和英国推广手势研究的苏塔罗–吉塔。他们推断，如果手势擅长突出和构建感知–运动信息（可以看到和感觉到的运动），那么它应该可以促进感知–运动信息所支持的思想。他们让成人想象一串彼此相连的齿轮，并让他们判断当第一个齿轮朝某一方向旋转时，最后一个齿轮会向哪个方向旋转。有两种解题思路：（1）你可以采取奇偶性策略：数数一共有多少个齿轮，如果是奇数个，最后一个齿轮的旋转方向将和第一个齿轮一致；如果是偶数个，最后一个齿轮的旋转方向则与第一个齿轮相反。（2）你可以依次追溯每个齿轮并模拟它们的旋转方向，并观察最后一个齿轮的旋转方向是否与第一个齿轮一致。

其中一组可以在解题的同时大声说话并使用手势，另一组则不可以使用手势。得到使用手势的许可的人更多地使用了模拟策略，没有得到允许的人则更多地采取了奇偶性策略。这些成人的手势凸显了感知–运动信息，反过来又使得发现奇偶性策略的可能降低了。值得注意的是，在本例中，手势的作用弊大于利，因为它阻碍了人们发现解决齿轮问题的更高效方法。尽管两种策略都可以帮你找到正确的解法，但奇偶性策略可以加快你的速度，并且更容易应用于别的齿轮组。说到底，手势不仅仅能反映你的想法——在本例中，它还可以通过引入某种特定动作来改变你的想法。手势可以迫使我们用双手思考，而这些想法会在认知上造成或好或坏的后果。[10]

在河内塔谜题中，我们设定了一个情景，使手势有可能影响成人后续的表现。但我们并没有限制成人的手势，他们可以随时做任何手势。解决这一问题的另一种方式便是要求人们做特定手势。如果我们要求他们做手势，并且手势的确可以影响他们的思考方式，那么他们的思想也应该会发生相应的变化。让我们来看一个采用这种方法的系列研究，首先在幼儿学习单词时限制他们的手势，然后在学龄儿童学习数学等式时限制他们的手势。在这两个案例中，手势都可以促进学习。

鼓励婴幼儿做自己的手势可以提高他们的词汇量。儿童在学会说话之前，大部分的交流都是靠手势完成的，而通过这些手势可以预见他们之后在幼儿期和学前阶段的单词学习情况。比如，孩子在 18 个月大时能够指认的物品越多，他们在入学时的词汇量越多。问题的关键在于，这些早期的指认手势是不是词汇量增多的原因。手势能够帮助儿童更好地学习词汇吗？如果手势真的是诱因，且儿童的手势可以通过实验增加，那么我们应该能够通过增加儿童的手势来扩充他们的词汇量。[11]

我实验室的一名研究生伊芙·勒巴顿首先提出请求，询问自己是否可以通过实验操作来增加儿童做手势的行为。她在儿童16个月时拜访，并观察婴幼儿与家长在自然场景中的互动。这项观察使她能够很好地评估儿童在家时的手势数量和词汇量。这是实验的第一步。

之后，她给每个儿童展示一本图册。在看着其中一幅图——比如一条裙子的图片时，她说："看，这是一条裙子。"同时，她用手指向这张图片，并让孩子伸出食指放在图片上（"你能做到吗？"）。所有的孩子都很配合，按要求指向图片。另外两组孩子也听到了伊芙的话，情况却不同：第二组孩子看着伊芙用手指向裙子和其他图片，自己却没有做出指的动作；第三组孩子则完全没有做出手势（他们既没看到伊芙的手势，自己也没有做出任何手势）。这是实验的第二步。

之后的7周时间里，伊芙每周都会前往这些孩子的家里重复以上两个步骤。她先用30分钟观察孩子与家长的自然互动，再用30分钟亲自和孩子互动。第8次访问将会是对居家亲子互动的实验后评估（这一次伊芙将不会和孩子有任何接触）。

在第8周结束后，不出所料，被要求做手势的孩子在和伊芙的会面中对手势的使用变多了。他们按要求照做了。更有趣的是，他们在自然场景下和家长交流时对手势的使用也变多了。伊芙成功地增加了这些孩子对手势的使用。但在另外两组中，无论是在实验会面时，还是在自然场景下和家长的互动中，孩子对手势的使用都没有变多。

我们的问题是，被要求做手势的儿童中，手势数量的增加是否会引起口语词汇的增多。答案是肯定的。第 8 次访问中，在实验过程中被要求做手势的孩子在和家长互动时掌握的词汇要比另外两组更多。本组儿童在前 7 次访问期间做出的手势数量越多，研究结束时，他们说出的单词就越多，这对我们的因果推断非常重要。值得注意的是，在本例中，只看到实验人员做出指的动作不足以提高儿童的口语词汇量，儿童必须自己做出指向性动作。[12]

我们还告诉了学语期的幼儿要做哪些具象化手势。比如，我们发现教孩子在空气中做出打喷嚏的动作，可以帮助他们学会打喷嚏的相关词汇。为了确保他们事先不知道我们要教的词，我们自己造了这些词。就像前文提到过的，我实验室之前的一位博士后伊丽莎白 · 维克菲尔德就曾教孩子用一个新词形容一个动作（比如“tiffing”）。她让一些孩子做特定的具象化手势，并让其他孩子观察实验人员做这个手势。做手势会引发学习，也会帮助儿童将这个词类推到新的情境中，并且记住所学的内容。有趣的是，在本实验中，看到实验人员做手势与自己做手势一样，能够达到相同的学习、类推和记忆效果。[13]

鼓励儿童做自己的手势有助于他们学习数学。我们也限制了年龄稍大的儿童在数学等式实验中做出的手势。我们在数学课前对他们进行了手势培训，并让他们在课上尝试解出每一道题前后都做出这些手势。比如，我们教儿童解用磁铁数字写出来的 4 + 2 + 7 = __ + 7 时要做的手势。实验人员向一个孩子演示如何用 V 形手势指着前两个数字（4 和 2），然后再用另一只手的食指指向空格，同时说："我想让这一边等于那一边。"做手势的孩子学到的内容和学了移动磁铁数字的孩子一样多（把 4 和 2 放在一起，并放在空格下方）。但做手势的孩子能比移动数字的孩子更好地把新知识类推到其他形式的问题上（比如 4 + 2 + 7 = __ + 5）。在任务中做出特定的手势可以帮助你学会这项任务，记住学到的知识，并把它类推到新的情境中——这正是我们希望学习者在一节课后所能做到的。[14]

但是，如果我们必须教孩子在每项任务中使用一套新手势，手势可以切实作为一种通用的教学工具吗？如果我们只是让孩子们在解释问题的答案时做手势，会发生什么？这能让他们学到更多东西吗？莎拉·布罗德斯想要弄清这些问题。首先，她让儿童解答数学等式问题并解释他们的答案——这样可以让她了解每个孩子在这些问题上会使用的手势类型。接着，她让孩子解答另一组形式相同的问题，但这一次她会让一部分孩子在解释问题的同时做手势，另一部分孩子则未被要求做手势。

不出所料，被要求做手势的孩子解出了新题目，而未被要求做手势的孩子则没有解出答案。换句话说，他们都听从了指令。可是，那些做手势的孩子具体是如何运用他们的手势的呢？本着毫无保留的精神，我们还想指出，我们原以为让孩子专注于手势可能意味着他们将不再产生错位——也就是说，他们手势的内容会与他们话语的内容相契合。但是，我们错了。当我们让孩子做手势时，他们的手势中出现了许多之前从未出现过的新解题策略，而且这些新策略并没有出现在他们的话语中。换句话说，他们产生了很多手势–话语错位。最令人惊讶的是，许多蕴藏在他们手势中（但没有出现在话语中）的新策略都是正确的。所以，尽管这些孩子继续答错了题目，并用语言给出了错误的解释，与此同时他们的手势却给出了正确的解释，这全都是因为他们被要求做了手势。

现在重点来了：这项实验后，我们给所有孩子都做了数学等式辅导。相较于未被要求使用手势的孩子，被要求使用手势的孩子在课后取得进步的可能性更大。课前做手势帮助孩子从教师的指导中受益。令人看到希望的要点在于，这些孩子所做出的手势完全是他们自己的选择。这种方法值得推广，使手势成为适用于各种教学主题的有力教学工具。[15]

鼓励儿童做自己的手势有助于提高他们的抽象推理能力。可以用手势教比数学还抽象的内容吗？如果可以，这将极大地拓宽手势的能力范围。在展开论述这个问题之前，我们需要先想一想手势是否可以被用来表达抽象概念。让我们以时间这个抽象概念作为例子。我们想过用手势体现时间吗？

在将时间可视化方面，许多文化背景的人都会把未来的时间想象成在面前，过去的时间则在身后。这些文化中，用来描述时间的手势都是向身体前方表示未来，向身体后方则代表过去。但艾马拉语——一种使用于玻利维亚安第斯山高地地区、秘鲁东南部和智利北部的美洲印第安语言——却呈现出对时间的另一种思考方式。在艾马拉语中，表示“前”（nayra，意为眼睛、前方、目光）的基础词汇也是“过去”的基础表达，而表示“后”（qhipa，意为后、后方）的基础词汇也是“未来”的基础表达。也就是说，他们视过去为眼前之物（因为你已经经历过了，对你已知），而视未来为身后之物（未知且未见的）。说艾马拉语的人的手势也遵循这一原则——向前的手势表示过去，向后的手势表示未来。说艾马拉语的人的手势体现了他们的时间概念。[16]

现在，我们可以思考手势是否可以改变说话者对时间的概念了。据我所知，没有人曾鼓励过别人在谈论时间时做出某种特定的手势，但芭芭拉·特沃斯基和她的学生给倾听者创造了相同的场景，却伴随着向前或向后的手势。实验人员走近每位成人受试者，在他们肩并肩时说：“下周三的会议被移了两天，调整后是周几开会呢？”1/2 的受试者看到实验人员做出了向前的手势，另外

1/2的受试者看到的则是向后的手势。前者认为会议被移到了周一，而后者则认为是周五。受试者看到的手势影响了他们对实验人员所指的会议时间的理解。可见，手势不仅能影响我们对具体概念的理解，也能影响我们对抽象概念的理解。[17]

我们再来看一个例子：道德推理。道德教育是当下一个重要课题，因为它可以培养儿童成为充分知情且考虑周全的公民。正如之前描述的，让儿童对道德困境进行推演时，他们会做手势。他们在这个任务中做出的手势往往是隐喻性的，并且会展现事物间的抽象关系。成人也会做手势，他们的手势也同样是抽象的。一个成人说："当拥有两个利益冲突的机会的时候，就是人们发展出权衡技能的时候。"如下图所示，说话者会通过手势表达这些抽象概念：他先是双手保持C形手势，代表着两种不同的利益。接着，他让两个C彼此相对，代表着两种利益间的冲突。最后，他用两个C轮流画圈，代表着利益间的权衡。口头回答搭配伴随的手势展现了两种观点，这也说明这个成人从多个角度进行思考。

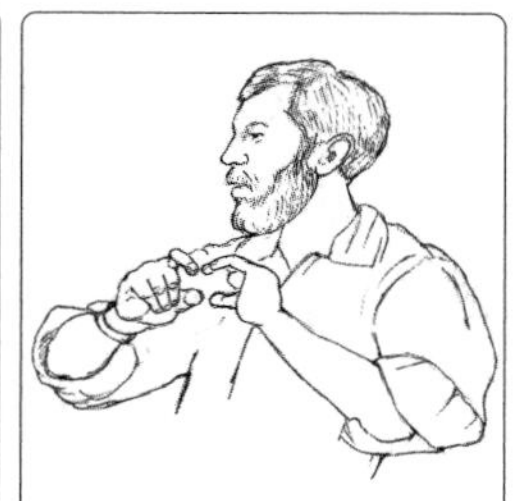
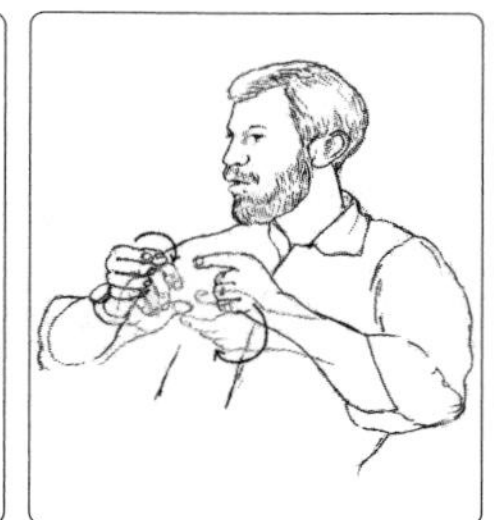

如果我们能够提高儿童多角度思考的能力，我们就有可能提高他们的道德推理能力。我们认为手势或许对儿童从多个角度思考有所帮助，只因在上述例子中，我们可以很容易地用双手表达不止一个观点。正如我们在数学实验中做的那样，我们让一些孩子在解释道德困境的同时移动双手，但并没有告诉他们如何移动双手，仅仅告诉孩子移动双手就可以让他们第一次做出多角度思考的手势，就像我们在成人的例子中看到的。而且这些手势也引发了从多角度思考的口头回答。

接着，我们给孩子上了一节道德推理课。所有孩子都接受了针对两兄弟困境的指导——其中一人诈骗，另一人偷盗。孩子必须决定诈骗和盗窃哪个更可恶。在道德训练的早期阶段，我们采取了苏格拉底教学法，并让两名实验人员参与课程：一个人无条件地支持孩子做出的选择，另一个则无条件反对；同时，他们两个都不做手势。两个实验人员争论了数个回合，从困境的多个角度给出了理由。结果证明，我们的操纵是有效的，但也只对课前被要求做手势的孩子有效，这些孩子的道德推理能力在课后得到了提升，而未被要求做手势的孩子也没有进步。[18]

这个基于手势的方法很容易实践，而且是一个让孩子提升道德困境推理能力的好方法。这个方法对于道德推理的发展必不可少，但其本身却难以立足。下一个问题便是，这个方法能否产生涟漪效应，能否跨越不同议题、时间和异质群体的障碍，形成成熟的道德推理。

这是一个重要的研究结论，因为它能使我们扩展手势的影响力。只需要告诉你的学生在解释困难话题时做手势，就可以让他们表达出新思路。如果在这之后对他们进行相应的辅导，他们就会比不做手势更有可能取得进步。从数学到道德推理，这一点适用于各种不同的主题。之后，当讨论如何在课堂上利用手势时，我们会回到这个结果。

这个结果之所以重要，还有另一个相关原因。当我们最初告诉人们注意自己的双手时，我以为这种注意可能会破坏手势捕捉潜在的能力。如果你在说话时将注意力集中在手上，可能会让双手与语言达成一致，从而导致你不会产生手势–话语错位。但我错了。让他人做手势可以激发出那些隐含的、不言而喻的想法，在数学实验和道德推理实验中都是如此。而且，把这些想法通过手势表达出来，可以让人们为学会任务做好准备。这一结果解放了我们，使我们可以把手势作为日常对话中一个合理的部分来研究，与此同时，它仍然充当一个有效的学习工具发挥着作用。

看他人做手势也会和自己做手势产生同样的学习效果吗？

让我们花点儿时间思考一下，看他人做手势产生效用的方式是否和自己做手势一样。在数学和词汇学习实验中，观看他人做手势和自己做手势都可以促进知识的学习、记忆和类推。而且在数学实验中，看到教师一个无意间指向额外数字的手势，就能导致孩子得出错误答案，类似的例子还有河内塔谜题，如果调换圆盘的重量，用单手而不是双手的手势就会导致你下一次的解题表现不佳。换言之，手势既可以帮助你思考和学习，也可以妨碍你思考和学习，在你看他人做手势时如此，在你亲自做手势时亦如此。手势无论出现在他人的手上还是在你的手上，都具有强大的力量。

但是，手势和语言的时机对于学习手势和实践手势的影响可能不同。教师在讲话的同时做手势，会使儿童学习、记忆和类推知识的表现比教师先讲话再做手势时更好。但当儿童自己做手势时，结果有所不同。我们教一些孩子在用手势实践分组策略的同时，用话语阐述平衡策略，教另一部分孩子依次使用两种策略。我们发现两组儿童在学习和记住课程内容方面的表现一样好。也就是说，手势与话语的一致性对学习和记忆至关重要，尤其是在教师使用手势的情况下，不过如果是学习者使用手势，一致性就没有那么重要了。[19]

我们不知道为什么看到和做手势在这方面不同，但我们可以推测。当你看到伴随话语而生的手势时，话语便为你理解他人的手势创造了一个语境。但你在自己说话时做手势则不需要语境，因为你知道自己在说什么。结果是，你自己的手势和话语没有必要同时出现。无论原因是什么，这些发现都对教学具有值得认真对待的启示：作为教师，你自己做的手势可能会和学生做的手势有不同的作用。这意味着我们不能只把手势从旁观类推至实操——我们需要研究两种情况，然后才能向教师提供建议。

但毋庸置疑的是，看他人做手势和自己做手势对学习都有作用——如果手势和即将学习的概念一致，则会产生积极影响，反之则会产生消极影响。当你说话时，你做出的手势不仅将你的想法公之于众，当它们与他人的手势结合在一起时，还能改变你的思维方式。做手势可不是用来装点门面的边角料，而是人际交流中至关重要的一部分——尽管大多数人没有意识到手势的重要性。

我们一直把目光投向伴随着话语出现的手势，但脱离话语存在的手势又是怎么一回事呢？当话语难以表达或者不适合使用时，我们往往会用手势把一个想法表达清楚——把食指放在嘴唇上可以让所有人安静下来，或者在吵闹的餐厅里假装在空气中写字来要账单。这些手势都是脱离话语的，尽管它们也可以伴随话语使用。正如前文所述，它们都属于象征手势，是一种约定俗成又因文化而异的手势。那么，另一种脱离话语的手势呢？比如一个不会常规语言的孩子的手势，这些手势主要被用作基础交流系统。此时，这个孩子的手部动作会和伴随语言时的手部动作一样吗？换句话说，通常伴随话语出现的手势可以成为一门独立的语言吗？

本书的第二部分将深入探究这个问题，并且得出否定结论。如果手被迫承担所有的交流任务，那么手势会呈现出不同的形态，看起来像是语言的零散模块。你或许会想，这些我们已经知道了，被聋哑社群用作基本交流系统的手语在许多层面上都以零散模块的组合为特征。但是，手语是一种由手部动作组成的传统语言系统，并且代代相传。我在第二部分的关注点将会是手部动作，这些动作是自发创造出来的，以满足沟通的全部需求。这一现象对于我们对手势的探索之路意义重大，因为它告诉我们自发做出的手势不一定和第一部分中的手势一样。对承担了所有交流重担的手势进行探究，凸显了伴语手势的重要性。

第二部分

用手说话

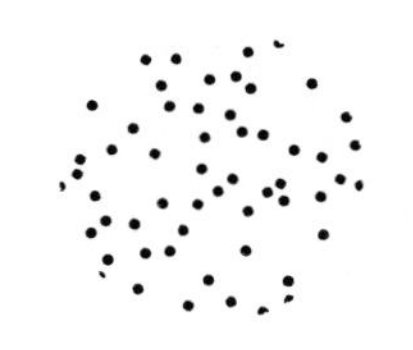

第4章

有人的地方就有语言

那么，当没有语言可学的时候，你要怎样与人交流呢？这个问题其实是在问，当现有语言派不上用场时，我们该如何表达自己的想法。为一探究竟，让我们回到前文中我请你想象的那个场景——一个语言的所有形态（口语、手语和文字），以及你对这些形态的所有认知都被抹去的世界，但除此之外的一切都保持不变。你觉得自己可以重新发明语言吗？如果可以，这种语言会是什么样子？它会和我们现在所认识的语言一样吗？

要想回答这个问题，就要先回答另一个问题：语言究竟是文化的产物还是思维的产物？人类语言在形态上不尽相同，显然懂英语不能代表你可以懂土耳其语、斯瓦希里语等其他语言。语言之间不同的属性可能是语言迭代的结果，即文化传播的结果。但通过学习英语，你也会对所有语言的机制有所了解。所有的人类语言都在结构上有共通之处：每种语言都依赖于受限的语音组合，并按特定的规则决定如何连音成词、连词成句。不同语言的规则千差万别，但所有语种都同样是元素的组合，并有一定的组合元素的规则。不同语种之间相同的语言属性可以反映出思维构建交流的方式。

如果语言只是文化传播的终端产物，是代代相传的文化传统，那么我们就不能保证在它被抹去后可以被重新发明。即使我们真的可以重新发明语言，发明的可能会是一套不具备现代语言单位和组合规则的语言系统。如果语言是现在这样，源于语言是大脑的固有能力，那么我们不仅能够在语言被消亡的情况下重新发明语言，还能够创造出一种和失去的语言具有相同特点的新语言。

这看起来像是一场纯粹假想的讨论。除非文化被彻底消除，否则语言不会凭空消失。而且就算语言真的消失，也没有人能将其与接下来的事情进行对比。有一种方法可以弄清语言究竟是一次性的发明还是可以被重新发明，那就是找一个从来没有接触过可使用的语言范例的儿童，并观察其行为。可以想象，这种情况实属罕见。但由于多重社会和生理因素（后文会详细解释）的综合作用，有些聋哑儿童一直没能学会身边人所说的口语语种，同时也没有接触过手语。他们生活在现代社会，却无法接触到可使用的语言范例。事实证明，在这种情况下，孩子会用手进行交流。为了让你理解这种自发创造出的手势交流如何能与人类语言相类似，我需要向你介绍一些手在失聪者手语中的用法作为背景知识。

手语是什么？

健听人士可以通过口和耳处理语言信息。但聋哑人则需要用到视觉、手势，甚至是触觉——失明的聋哑人发明了一种触觉语言，“说话者”和“倾听者”用双手通过触摸彼此的手和手臂的方式完成交流。表面上看，这种体感语言和口语截然不同，但它们和口语功能相当，且内里结构相似。[1]

在讨论手语的功能和形式之前，让我们先澄清一些常见误解。首先，并不只有一种通用的手语。和口语一样，手语也因文化而异。熟练使用中式手语的人未必能和熟练使用美式手语的人进行交流。其次，手语并不是从口语中衍生出来的。实际上，美式手语在词汇和句法结构方面与法式手语更为接近，而非与英式手语相近。因为美式手语脱胎于法式手语，所以与英式手语相比，它们之间的历史渊源更为深厚。这一历史渊源也解释了美法手语间的共性——正如美式英语和英式英语的历史渊源，也能解释两种口语间的共性。[2]

与口语相类似，手语也可以用来评价事物、提出问题、表达需求、表达否认等。它们也有不起眼的作用，比如自言自语、嘟嚷、小声说话、咒骂、讲故事、背诵诗歌，以及表演戏剧。任何口语所具备的功能——包括促进幼儿习得物体的类别习得——手语都具备。[3]

同时，手语也具备和口语相同的语言结构。比如英语中，如果你说："那只猫咬了那只狗"（The cat bit the dog），意味着猫在做咬的行为，而狗承受咬这个行为。词语的顺序可以告诉你谁在对谁做什么，手语也是一样。手语的顺序也能告诉你谁在咬谁。除了词序之外，手语还可以通过其他方式获得这一信息（口语也是）。举个例子，手语者可以在右边做出猫的手语，在左边做出狗的手语，再从右向左做出咬的手语，这就表明是猫在咬狗。包括手语在内的所有语言，都有用来表示动作的发出方和接受方的系统性方式。[4]

手语和话语的最后一点相似性，对于我即将提出的论点至关重要：正如口语环境下的健听儿童可以从他们的健听父母处自然地学会口语，从出生就失聪的处在手语环境中的儿童同样可以从聋哑父母那里习得手语。并且他们的学习步骤相似，学习进度也基本一致。聋哑儿童会用手指"牙牙学语"（他们会做出重复而无意义的手指动作，就像健听儿童说"啊吧啊吧"），然后做出手语单词、手语双词句，最后做出能表达复杂观点和讲故事的手语长句。他们也会在手语词句中表达和健听儿童学习口语时一样的观点。[5]

健听父母的聋哑孩子

我们已经发现，如果父母是会使用手语的聋哑人，那么聋哑儿童可以像其他孩子学习语言一样学习手语。但鲜为人知的是，大多数聋哑儿童的父母并不是聋哑人。在美国，90% 的聋哑儿童的父母是健听人士。这类父母往往不懂手语，甚至可能不认识聋哑人。他们想让孩子学习口语，这样孩子就能和他们，以及亲戚朋友进行交流。但是，学习口语对于一个完全失聪的孩子来说并不容易，哪怕使用口唇教学法。口唇教学法会增强聋哑儿童的听力，并教他们使用视觉辅助（比如读唇语）学会说话。但用读唇语的方式学说话非常难，大多数完全失聪的孩子都没能学会在自然状态下自如地使用口语。[6]

当我 50 年前开始我的研究时，口唇教学法是一项非常受欢迎的聋哑儿童教学法。当时有许多教授手语的学校（大多是寄宿制学校），但对健听父母来说，送聋哑孩子去手语学校并不容易。首先，让一个小孩子离家上学很不容易，更何况孩子要学的是父母（以及祖父母和邻居）都看不懂的手语。对于年轻父母来说，调动新的感官去学一门新语言也很困难。尽管学口语的难度很大，许多健听父母还是会送聋哑孩子去当地用口语来教学的聋哑学校。

我在 1972 年开始研究的聋哑儿童无一例外是不懂手语的健听

父母所生。这些孩子哪怕戴着助听设备（当年人工耳蜗植入尚不常见）也无法学习口语，同时他们在自己所处的环境中也没有任何接触手语的机会。某种意义上，我研究的这些孩子就生活在我之前请你想象的那个难以置信的情境下——被现代世界包围，却无语言可用。

这些孩子做了什么呢？他们用手来交流，也就是做手势。但是，他们的手势和人类语言相似吗？他们真的凭一己之力重建了语言吗？和宾夕法尼亚大学的莱拉·格莱特曼和海蒂·费尔德曼一起，我决心一探究竟。

我还记得我们拜访的第一个家庭，我和他们至今仍保持着联系。这家的孩子完全失聪，并且就读于本地的口语教学学校。海蒂和我一走进他们的房子便大受震撼。家里的聋哑孩子名叫戴维，两岁零十个月，做起手势来兴高采烈。他对他的健听父母做手势，对健听兄弟姐妹做手势，也对我们做手势。我们带给戴维一个开机后打鼓的玩具熊，他在空气中做出一个打鼓的动作用来指代它，并问我们可不可以给他玩。这个孩子不正是发明了一种交流系统吗？

看到戴维用手表达评价、请求和提问，这告诉我们无法学会说话也从未接触过手语的聋哑儿童，成长在一个关爱他的家庭里，仍然能够与人交流。不过，这并不能告诉我们他们的交流是不是一种语言。

聋哑儿童发明的手势是语言吗?

人们关于语言的构成条件众说纷纭。我们还要面对另一个问题，就是我们的对象是儿童，充其量只能发明出“儿童语言”。我们决定将语言操作化，就像从父母那里学习语言或手势的孩子在交流时所做的那样。为判断聋哑儿童的手势是否可以称得上一门语言，我们使用了分析健听儿童的话语和聋哑儿童的手语的方法。我们用这些方法搜寻聋哑儿童手势的句型，并将结果与在健听儿童话语和聋哑儿童手语中发现的句型进行对比。能够证明聋哑儿童可能在创造语言的第一条线索是，他们没有使用默剧手语进行沟通。[7]

我在费城时发生的一个故事可以说明默剧手语和家庭手语的区别。当时，我在看一场默剧表演，演员正有条不紊地通过一系列夸张的动作再现一些场景，观众也可以很容易地认出这些场景，他的表演真的很棒。演出中的某一个时刻，这位演员需要引出下一位表演者——一位歌手。他需要引入和交流这一信息，而并非再现。他并不想用语言介绍来打破这份寂静，但是默剧手语又不足以完成这个任务。所以，他指了指那位歌手，并把自己的嘴张得大大的来表现唱歌，然后再指指自己，像弹钢琴一样上下移动手指（他确实要为歌手进行钢琴伴奏）。当这位默剧演员要向观众传达信息的时候，他放弃了默剧手语，转而使用家庭手语者会做的手势。

你应该还记得前文中的那位默剧演员，他在表演吃苹果时用全身重现了这个场景——他好像拿起一个苹果，在衬衫上擦了擦，把手拿到嘴边，然后咬了一大口那个看不见的苹果，慢慢咀嚼。但聋哑儿童不是这样做的。为了表示要吃苹果，家庭手语者会先指着苹果，再捏住自己的手（拇指和四指捏在一起）戳戳嘴，这就是一个“吃”的手势。如果他想表达想让谁吃，他可能会接着指向房间里的某个人，比如海蒂、我，或者他自己。这个孩子把一件事拆分成了若干部分，每一部分都用一个单独的手势表示，就像那位介绍歌手出场的默剧演员。接着，他需要把这几个手势串起来，以表达完整的信息。我们的任务就是弄明白每一部分都指代什么（是演员、物品还是关系？诸如此类），以及这些部分是如何组合起来的。

海蒂和我观看了无数卷戴维和费城其他 5 位聋哑孩子的录像带，他们的父母都是健听人士。由于不知道哪些信息是重要的，所以我们尽可能地在书写板上记下所有信息，包括每个动作，每个手形变化，甚至眼神和眉毛的变化。我们本要寻找句型，但久而久之我们发现自己的注意力集中在孩子们用手做了什么——手的形状、动作和位置。依照惯例，我们将这些手势称作“家庭手语”（原因正如前面所说，它们是在家庭中发明的），将这些孩子称作“家庭手语者”。

从出生到大约 18 个月大，家庭手语者都和健听儿童一样使用手势。他们想让你看某物的时候会指给你，想让你递给他们某物的时候会张开手，偶尔还会做出一些类似动作的手势，也就是具象化手势。前面提到的“吃”的手势就是一个具象化手势，就像做出拧开一个罐子的动作，以便让妈妈打开泡泡水瓶一样。这两类儿童的成长道路会在大约 18 个月时出现分化。健听儿童开始把手势和单词结合在一起，但很少把两个手势结合在一起。而家庭手语者会把手势结合起来：指示+指示、指示+具象化手势，以及具象化手势+具象化手势。

这些手势组合所表达的想法与健听儿童的单词+手势和单词+单词组合所表达的想法是一样的。一个家庭手语者指着我手中的玩具鸭子，再指向他的妈妈，他其实是想让我把玩具鸭子给他的妈妈，就好像一个正在学说英语的健听孩子用“这妈妈”表达“把这个鸭子给妈妈”一样。当指着一个瓶子，再在空气中做出拧的手势时，这个家庭手语者是让我拧开瓶盖，以便他可以吹泡泡，就好像健听儿童用“拧开那个”表示“拧开瓶盖”一样。

家庭手语者的手势句是有结构的。家庭手语者的手势组合和健听儿童的词语组合还有另一个相似之处：它们都遵循一定的顺序。在那个要求我把鸭子给他的妈妈的句子中，他首先做出了代表鸭子的手势，也就是动作的客体——语言学上我们称其为“受动者”。接着是指着妈妈的手势，也是客体的着落点，即“位置”。在让我拧开泡泡水瓶的句子中，他先是做出指着罐子（受动者）的手势，接着是代表“拧”的手势，即“行动”。即使句子含有两个具象化手势，家庭手语者也会遵循这套受动者–行为的顺序：先指着葡萄做出吃的手势（受动者），接着做出“给”的手势（行动）。[8]

家庭手语者会在手势句中遵循固定的顺序着实令我震惊。正如我之前写的，现有语言的顺序规则可以帮助倾听者决定谁在向谁做什么。如果我先说“杰克推”，再说“推吉尔”，你就可能会认为词语的顺序应该是“杰克”“推”“吉尔”，是杰克推了吉尔，而不是吉尔推了杰克，因为在英语中，行为者（施动者）出现在动词之前，而承受者（受动者）则出现在动词之后。正如刚才描述的，在家庭手语中，受动者出现在动词之前：瓶子拧开，葡萄给。请注意，并不一定需要依赖固定语序去理解句意：瓶子可以被拧开，但不能拧开别的东西；葡萄可以被给出去，其自身却不能给任何东西。因此，即使在不需要传达信息的情况下，家庭手语者也会在手势上遵循固定的顺序。换言之，排序原则既不需要代代相传，也不需要必须是为了对倾听者有用而突然在人类语言中冒出来。它们似乎反映了我们在与他人交流时组织我们的想法的内在欲望。

家庭手语者可以区分名词和动词。家庭手语者也可以使用同一个具象化手势去指代一件物品或一个动作——这一点与英语中的“hammer”非常类似，既可以指代工具“锤子”，也可以指代使用锤子的动作。家庭手语者用“拧”指代瓶子，同时也指代打开瓶子所需要的动作。但有一点很重要，当一个手势被用作指代物品的名词时，家庭手语者会对它进行缩略——当用来指代瓶子时，他们只会拧一下（见左图），而在指代“拧”这个动作时，他们会拧很多下（见右图）。当指代瓶子本身时，他们会在胸前的高度做“拧”的动作（见左图）；在指代“拧”的动作时，他们会在靠近但不在瓶子上的位置做“拧”的手势（见右图）。[9]

也就是说，家庭手语者在他们的手势中对名词和动词进行了区分，而这正是人类语言的特征之一。它不仅依赖于一种文化中

代代相传的语言，这是语言的另一个属性。

家庭手语者的语句具有层级结构。家庭手语的最后一个属性也值得一提。包括手语在内的所有语言都具有层级结构，即把小的语言单位嵌入大的语言单位，这是人类语言的关键属性之一（但不是伴语手势的特征）。在英语中，你可以说“狗咬”（dogs bite），这是一个简单的双词结构（见左图）。你也可以说：“那狗咬”，指出具体是哪只狗在咬。“那”修饰了“狗”，双词短语“那狗”则充当句子的主语。于是，这个句子就包含了层级结构：[[那狗]咬]（见右图）。[10]

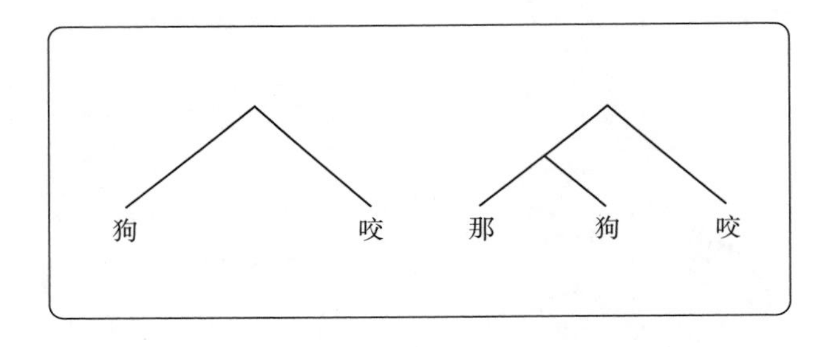

家庭手语者会通过指示或者做出具象化手势来指代物品。比如，如果葡萄处在视野范围内，他们可以简单地指一指它；或者做出“葡萄”的手势——拇指和四指捏在一起戳戳嘴——用来表示葡萄是一种可食用的东西（在本例中，这个孩子正在谈论一个塑料葡萄。所以，不太可能做出“吃”的手势）。当家庭手语者想要葡萄时，他们可能会指着葡萄做出“给”的手势（那给）（见左图），或者做出“葡萄”的手势，再做出“给”的手势（葡萄给）（见右图）。

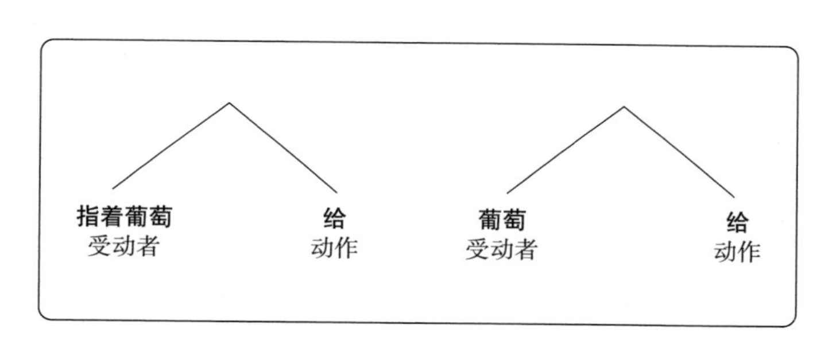

再长大一些，家庭手语者就开始把具象化手势和同一语句中的指示结合起来，用来指代同一客体：指着葡萄+葡萄。为什么一个手势就可以说清的事情，家庭手语者却要用两个呢？指着葡萄的手势说明了孩子聚焦的客体，而“葡萄”手势表明了客体的范畴（可食用的东西）。我再指着一块饼干表示“那个”，你应该就能知道我说的是什么。但你不知道的是，我究竟是想说这个客体是属于食物的范畴，还是甜点的范畴，或者是饼干的范畴。同时做出“饼干”和“那个”的手势可以缩小这一范畴。

指着葡萄并做出“葡萄”手势的家庭手语者，也是如此。当和“给”的手势相结合时，这两个手势（指着葡萄+给）便构成了一个存在于更大的句子单位中的小单位：[[指着葡萄+葡萄] + [给]] = [[那个葡萄] [给]]（见下图）。

如果指着葡萄+葡萄的手势组合充当了句子中一个语言单位，且代替了句子中的某一手势，那么它应该与这个手势（单独的“葡萄”手势，或者单独指着葡萄的手势）的语义作用相同，事实也的确如此：它充当了承受动作的客体，即受动者。这一手势组合也应该和这个单一手势出现在句子的相同位置上，事实也再一次印证（[那个-葡萄]-给）：它出现在句子的首位，这也是受动者通常出现的位置，正如单独的“葡萄”手势（葡萄-给）或者单独指着葡萄的手势（指-给）（可以对比下图和上图中的葡萄-给和葡萄-给）。

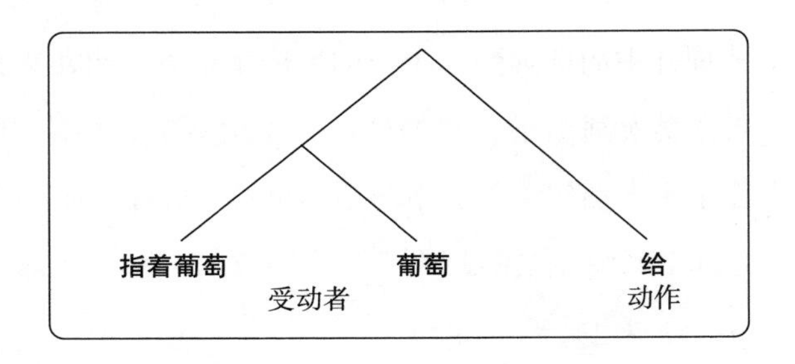

心理学家将这些单位称作“组块”。当事情在你头脑中分组时，它们所占用的认知负荷要比未分组时小。想一下，当一串数字以电话号码的形式出现时你能记住多少，而相较于只是一串长长的数字列表时，你又能记住多少。指示+葡萄形成组块时要比没有形成组块时占用的认知负荷更少，正如在下面这句话中，尽管包含的手势数量相同，但每个手势都具有单独的语义作用 [指着姐姐–葡萄–给] = [姐姐给葡萄]。

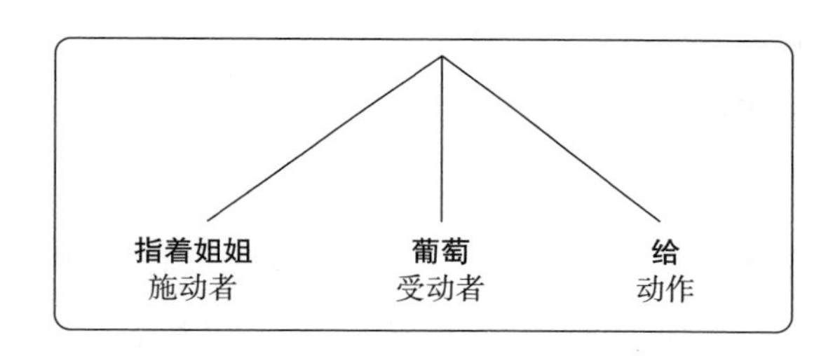

家庭手语者能够创造出比我们预期更长的句子，这都是因为相比于没有形成组块的两个手势，他们的双手势组块占用了更少的认知负荷。最重要的是，他们的手势句具备层级结构。组块化和层级结构不仅是所有人类语言的重要特征，也是将家庭手语与伴语手势区分开来的标志，因为伴语手势并没有被组块化且结构扁平。最后，层次结构是语言的另一个属性，它并不是一种只依赖于语言的文化现象。在家庭手语中发现层级结构的事实告诉我们，这种结构在语言中的出现并不需要教学或者文化传播——孩子自己就可以发明出来。

家庭手语作为一种人类语言

现在我们知道，家庭手语者的手势遵循人类语言的形式：它们有单词和句子，并且句子是有结构的。家庭手语者也会将他们的手势当作语言，用它来表达请求、提问、讲故事、与他人交谈、谈论谈话等。家庭手语者用手势表达需求并不奇怪，毕竟黑猩猩都能用它们的自然手势索要食物、邀请玩耍、被挠痒或者被抓伤。但是，黑猩猩不会用它们的自然手势发表对世界的看法。即使有人教给它们手语，黑猩猩也只会用学会的手语索要东西。只有在极其罕见的情况下（少于 1%的情况），它们才会用这些手势评论它们世界中的其他个体。相比之下，家庭手语者经常用他们的手势做点评——描述又长又细的狗尾巴、标记和妈妈一起搭建的塔的高度、暗指图片中的小鸟正在骑自行车。[11]

黑猩猩也不会用学到的手语进行提问，但家庭手语者可以。家庭手语者从健听人士处借鉴了表示疑问和不知道的手势——一只手张开，手掌由向下旋转到向上——他们以此提出各种问题：是什么、在哪里、谁，甚至是怎么和为什么。他们在句子的结尾做出问句手势，比如，先做一个“走”的手势，再做一个“打”的手势，最后加上“手掌向上”的手势（见下图），这是在问：“那个可以向前走还能打鼓的玩具在哪里？”

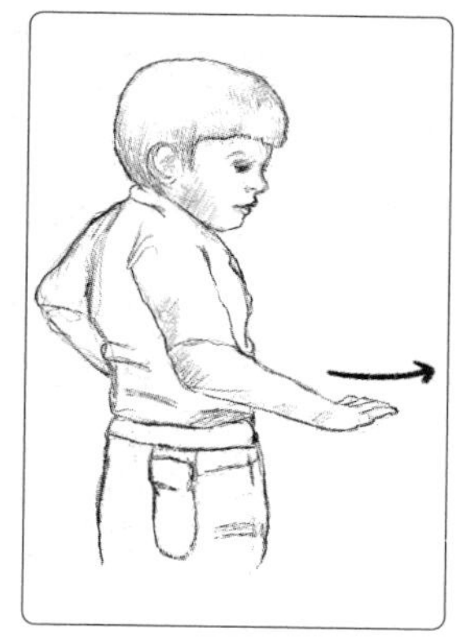
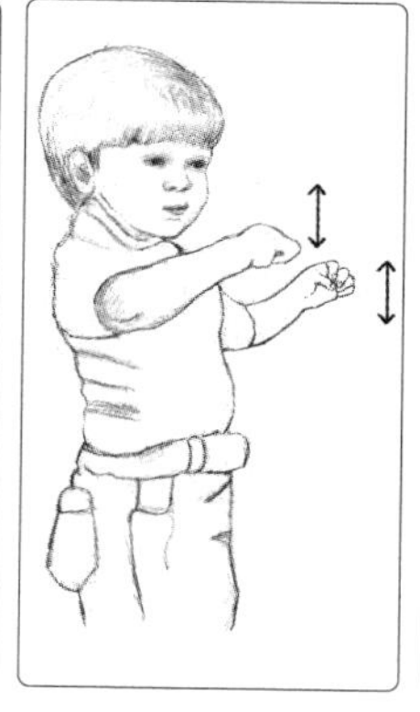

家庭手语者也从健听人士的手势中借鉴了表示否定的手势——他们用摇头表示某样东西不见了，拒绝一个东西或者一个动作，或者表示否认。比如，一个家庭手语者告诉我们，他以为坏了的玩具熊其实没坏：他摇头表示“没有”，同时双手相对握拳，再将双手举到空中分开（“坏了”手势），同时他的脸上挂着大大的微笑，表示自己对它其实完好所感到的喜悦。有趣的是，表示否定的摇头往往出现在家庭手语者句子的开头，而疑问则出现在最后。否定和疑问分别出现在句子的两头，说明这一语言模式可以被这个孩子用于交流，并且不需要从语言范例中习得。这个家庭手语者的健听父母是说英语的，但英语并不这样表达否定和疑问。他们的伴语手势也不会这样表达：左右摇头并不一定要出现在句子的开头，并且表示疑问的手掌向上的动作也不经常出现在句尾。[12]

语言还有许多细碎的使用方式。你可以和自己说话，而家庭手语者偶尔也可以用他们的手势自言自语。戴维坐在地板上玩积木，他有一张图纸，上面画着他想搭建的积木塔，但是他需要一块带有弧度的积木来搭建。他开始在积木中翻找，同时做出了一个“弧度”手势。随后，我想递给他合适的积木，但他忽视了我。这是他做给自己的指令，而不是做给其他人的。最终，他找到了那块积木，并且在我没有帮忙的情况下完成了那座塔。

你也可以用语言来“说话”(“我说：‘我想要鸭子。’”)。但是，用手势来形容自己的手势并不容易，家庭手语者偶尔会这么做。戴维在找唐老鸭玩具，于是他用嘴唇做出了鸭子脸的动作——这个动作是做给我看的，但我当时没有注意到。接着，他指了指他的“鸭子”嘴唇，好像在说：“我说：‘唐老鸭。’”

最后，你还可以用语言讲故事，而家庭手语者也可以用手势讲故事。戴维用他的家庭手语给我们讲了他爷爷去接孩子的公交路线。他告诉我们，圣诞老人是如何爬下烟囱并把屁股处的裤子弄脏的。他还告诉我们，他是怎么摔下自行车并伤到下巴的。有一天，戴维看着一张画着一把铲子插在沙地上的图片，受到启发，他在没有停顿和间断动作的情况下做出了复杂的手势句，向你描述如何使用沙铲：他做出了“挖”的手势，指着图片上的铲子，做出“穿上靴子”手势，指着外面，指着楼下，又指着铲子的图片，并做出“挖”的手势，然后做出“穿上靴子”手势（请看下图）。戴维用一连串手势告诉了我们他对沙铲的了解：怎么用（挖）、什么时候用（穿上靴子之后）、在哪里用（在外面），以及它放在哪里（楼下）——这是一个由沙铲图片引发的颇为琐碎的故事。[13]

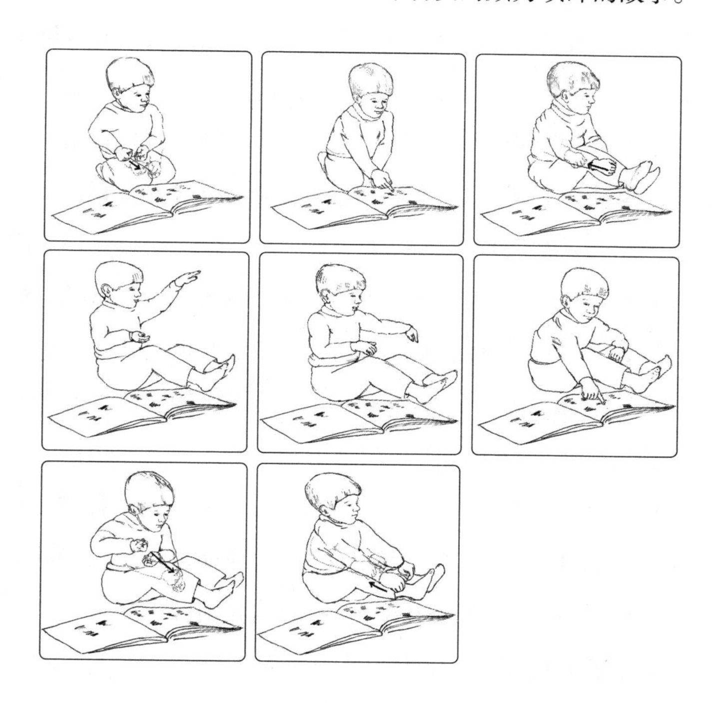

全世界家庭手语者的手语结构都一样吗？

海蒂和我在费城调查了 6 位家庭手语者，而我又和担任我实验室经理多年的卡洛琳·迈兰德一起研究了 4 位芝加哥的家庭手语者。项目刚开始时，我们本以为每一位家庭手语者都会做手势，所以我们假设他们的手势都是系统性的。但我们没想到的是，所有家庭手语者的手语结构全都相同——毕竟他们住在不同的城市，甚至住在同一城市的两个孩子也互不认识。这种结构能否反映出美国文化对儿童生活一些尚为人所知的构建?

为了解决这个问题，当我来到芝加哥，我的实验室团队开始研究其他文化中的家庭手语者：比如中国，中国父母和孩子的互动与美国父母不尽相同。当和孩子交流时，中国父母往往会问更多探究性的问题，并且会比美国父母更详细地向孩子描述物品。我们认为这种差异可能会影响中国健听父母与他们的聋哑孩子的互动。有一个方面尤为如此：无论孩子是否聋哑，中国健听父母都要比美国健听父母更倾向于和孩子做手势。但是，中国聋哑儿童发明的家庭手语却和美国聋哑儿童的非常相似——我们之后对父母是健听人士的土耳其聋哑儿童和尼加拉瓜聋哑儿童的研究，也得到了相同的结果，只有少量但至关重要的例外。[14]

首先来看看相同点：中国和美国的家庭手语者在描述动态时，也就是含有位移的人的动作或移动物品，他们的描述方式、叙述重点和手势分配都是一样的。实际上，中美家庭手语者就同一事件的手势描述要比中美健听儿童的口语描述更相似。中国家庭手语者和美国家庭手语者一样，能造出由固定语序、有意义的语块组成的手势和作为通用术语（事物类别的标签）的手势组成的手势句。[15]

现在，让我们来看看不同点：尽管中美家庭手语者都用相同的手语描述事物或活动——“打”的手势就是把双拳在空气中上下移动，好像在打鼓；“硬币”手势就是用拇指和食指围成一个小圈——但也有很多可以预见的差异。美国家庭手语者表示“吃”的手势是用拇指和四指捏在一起戳戳嘴，但中国家庭手语者也做这个手势，但还会加一个动作，那就是把两根手指比作V形放在嘴边，模仿筷子的形状。换言之，他们的手势标签会适配其文化，这不足为奇，因为全球范围内标记物品的方式和行为各不相同。比如，“狗”（dog）只是这种动物的叫法之一，它在其他语种中还被叫作“chien”（法语）、“perro”（西班牙语）、“pas[①]”（塞尔维亚语）和“hund”（德语），诸如此类。

中美家庭手语者用手势讲的故事也有所区别，且因文化而异。在举例子之前，让我们一起看看健听家长在与健听儿童互动时会发生的事。中国的健听家长会用故事进行道德批判。比如，一个姨妈讲了关于她外甥女的故事：“她真的很坏。很小的事就哭。她哭之前还在我的墙上写字，我还没骂她呢！她要不是我姐的孩子……半夜睡觉之前，她用粉笔在我的墙上乱画。我们刚刚粉刷的墙啊。”但是，美国的健听家长会把故事讲得更好玩一些。一位美国妈妈讲了一个关于她女儿莫莉的故事：“我当时正在打盹儿，

---

① “pas”为“狗”在塞尔维亚语的拉丁文写法，西里尔文写作“пас”。——译者注

醒来的时候发现莫莉正在餐厅墙上写东西（我就是被这个声音吵醒的），然后我说：'莫莫，你没拿铅笔在妈妈的墙上乱写吧？'啊！她可真是长舒一口气！然后说：'没有！我没有用铅笔，我用的是钥匙！'……然后，我就说："天啊！别用钥匙！"……但真的太好笑了！你看着她，然后她说：'我没有用铅笔。'"这两个故事都是关于同一个主题的——孩子在墙上乱写乱画——但讲述故事的目的在两种文化中迥然不同。[16]

中国家庭手语者讲故事时也会使用健听成年人或孩子讲故事时使用的评价性手势。10 岁的晴用手势讲了这样一个故事："叔叔把球扔了。这样不好。叔叔不好——坏叔叔。"晴做出评价的方式是在空气中画一个叉，并且摇了摇小指。这两个都是中国台湾健听成人使用的评价性手势。美国家庭手语者也会看到健听成年人使用的评价性手势——例如，竖大拇指和倒立大拇指——但孩子很少做出这类手势，也从来不会在自己的故事中使用它们。相反，他们会像健听美国人一样，用这些故事娱乐或者传递信息。5 岁的戴维用手语讲了一个故事："我们在那边也有一只这样的兔子。有人在后院打开了笼子，兔子跳出来吃了一根胡萝卜。"[17]

即使听不见父母的故事，家庭手语者依然可以做出适配其文化的叙述，这表明特定的文化信息可以通过非言语的方式传递——故事可以被听到、看到、感知到，可以分开进行，也可以同时进行。似乎文化的某些元素非常重要，以至于不能托付给单一媒介，而家庭手语者可以告诉我们这些在文化意义上重要的信息是什么。

这又把我们带回了一个令人头疼的问题。我们看到构建语言的积木就在一个儿童家庭手语者手中，但可能家庭手语并不是由儿童发明的。毕竟我们可以从他们用手势讲的故事中得知，家庭手语者会受到各自文化的影响。或许是健听父母创造了这些手势，而孩子只是在模仿父母。如果是这样，那么家庭手语的发明就不能归功于孩子了，他们的父母才是创造者。

究竟是谁发明了家庭手语？

每个人说话时都会做手势，家庭手语者的健听父母也不例外。所以，在我们真正判定语言天赋的归属之前，我们要查明健听父母的手势是否与家庭手语相似。我们观察了健听父母在和聋哑孩子互动时做出的手势。我们屏蔽了手势所伴随的话语，因为我们只想像他们的聋哑孩子一样观察这些手势。聋哑儿童听不见，所以无法对话语进行编码，于是我们也不再给语言编码了。接着，我们用分析家庭手语者手势的工具来分析父母的手势。[18]

这些父母有时会做出象征手势，也就是意义和形式在某一文化内被广泛接受的手势。在美国，竖起大拇指表示“好”；大拇指和食指组成一个圈，同时另外三根手指展开表示“没问题”；食指放在嘴唇上表示“安静”。家庭手语者会模仿并使用父母的象征手势，不过往往会引申它们的含义。美国的健听母亲会对急着要动的孩子竖起食指，同时说：“等一下，就一分钟。”家庭手语者也会用竖起食指表示“等一下”，但他们也会用这个手势表示马上要发生的事情。也就是说，他们将这个手势作为标记未来的记号，这是在他们的健听父母的手势中见不到的用法。父母的象征手势为家庭手语者创造了起点，后者便会对手势的含义进行合理的延伸。家庭手语者会沿用其健听父母的象征手势，这并不奇怪——毕竟哪怕是对健听人士来说，象征手势也很像固定词汇。但是，这些家庭手语者会将其健听父母的象征手势作为原材料并加以迭代，赋予其新的引申含义，这才是非比寻常的。这些儿童将他们父母的象征手势融入自己的语言体系中以满足自己的思维需求，通过这种方式，他们将自己的思想内涵展现给了我们。[19]

父母还使用了临场发明的具象化手势，这些手势形象地表现出一个物体、动作或属性（比如打、鸭子、圆形）。但是，父母的和孩子的具象化手势鲜有重合——比他们之间的象征手势的重合部分少得多。这些孩子和父母的手势词汇并不相同，这就意味着家庭手语者至少自己发明了一部分手势词汇。[20]

父母和孩子在手势组合方式上的差异更加令人震惊。父母往往每次只做一个手势，这很有可能是因为他们在做手势的同时还在说话，而说英语的人习惯每一个分句做一个手势。这也就是说，家长很少做出手势+手势组合。因此，如果聋哑儿童想通过观看健听父母做手势去学习用手势造句的话，他们能获得的样本会非常少。事实上，美国和中国的儿童家庭手语者的手势展现出了统计学上稳定的语序模式，但他们的父母却没有。同样的原理，美国和中国的家庭手语者都可以用手势创造包含多个观点的复杂句，比如“你造塔，我打翻”。但他们的父母却不能——至少他们能创造出的复杂句比孩子更少，并且只能在孩子创造出复杂句之后才能创造出来。最后，美国和尼加拉瓜的家庭手语者都在其句子中展现出了层级结构，比如他们会先用一个“葡萄”手势指着葡萄，然后做出“给”的手势。但是，健听人士从来不会把这两种手势结合在一起使用。最重要的是，这些孩子的手语中存在组合和层级结构，这是人类语言的两种基本属性。而健听父母及其儿童家庭手语者交流时所用的伴语手势，并不能为家庭手语者提供如此复杂的样本。[21]

健听父母并不能为他们的儿童家庭手语者的某种手势或手势句提供样本，但他们的确为手势提供了一般样本，因为他们在和孩子说话时都会做手势。除此之外，家长会发现他们的儿童家庭手语者的手势易于理解，因为有些手势非常清晰地描绘出了孩子想说的话，这也可能源于语言习得初期的孩子只会谈论他们面前的东西。想象一下，这会是怎样一个奇特的交流场景：孩子用家庭手语和他们的健听家庭成员进行对话，却得不到家庭手语的回应。就像你和一个懂英语但不会说英语的法国朋友聊天，她跟你说法语，你或许能听懂她的话，但你的法语水平不足以让你用法语进行交流，所以你用英语回应她。区别在于，儿童家庭手语者发明了自己的语言，而他们的健听家长却没把这些手势当作一门真正的语言。

也许我们对家庭手语起源的结论过于草率。健听父母可能会通过其他方式影响和塑造他们孩子的手势。他们可能在进行积极回应时使用一种手势，进行消极回应时则会使用另一种手势。或许，父母更有可能对孩子的“受动者在前，动作在后”的手势句（葡萄+给）进行回应，而对“动作在前，受动者在后”的手势（给+葡萄）则没什么回应，这也许可以解释为什么家庭手语者会倾向于使用受动者–动作的语序来创造手势句。

尽管这个假设听上去不错，但健听父母不一定会对孩子给予如此系统性的回应。他们会对孩子口语的内容做出反应，但并不在意语言的形式。当一个孩子说：“周二电视上会放迪士尼影片。”尽管这句话没有任何语法问题，妈妈还是会纠正电影周三才会播放。可当一个孩子说“我你爱，妈妈”时，很少有妈妈会在回应孩子的感情之前纠正他的语法。但是，健听父母可能会对聋哑孩子的家庭手语做出不同的回应。[22]

为了一探究竟，我们观察了每一位家庭手语者的手势句，并按照是否遵循孩子喜欢使用的顺序类型对其进行分类。没有一个儿童的手势句是完全按照固定语序排列的，他们毕竟是孩子。接着，我们检视了父母对这两种类型的句子的回应。我们统计了父母对句子认可的次数（包括微笑、点头、普遍的正向反馈），无论他们是否根据孩子的语序做出这些反应。我们也统计了家长对这两种句子回以推测的次数——比如，他们是给了孩子想要的东西，还是基于孩子的手势再做一个手势。如果家长的回应确实会塑造孩子手势句的语序，那么我们应该会在遵循孩子喜欢的顺序的句子后看到更多的认可和推测，在没遵循孩子喜欢的顺序的句子后则不会看到这些。然而我们发现，这些父母会对大约 65% 的正序句子，以及 65% 的错序句子给出认可回应，而对 50% 的正序句子和 50% 的错序句子给出推测回应。这些父母的回应没有什么可解释的。有趣的是，语言习得领域的资深研究专家罗杰·布朗和他的学生卡米尔·汉伦发现，健听父母对他们的健听孩子学英语时的句子也有着相同的回应比例——65% 的认可回应和 50% 的推测回应。美国家庭手语者的健听父母的行为和其他健听父母的行为一致。[23]

但我们可能有所遗漏；这些父母会通过一些细微的方式对正序或错序的句子做出回应，只是我们没有将其编码进我们的分析中。我们不可能号称已经检查了所有可能的线索，但为了尽可能地确定，我们进行了一次实验。我们请一位儿童演员做一些正序或错序的手势句——比如，这个小演员造出一个先指着葡萄再做出“葡萄”手势的句子（“受动者–动作”顺序），再造出一个先做出“葡萄”手势再指着葡萄的句子（“动作–受动者”顺序）。随后，我们请一些说英语的成年人观看这些手势句，请他们告诉我们句子的意思，并对他们回应的自信程度进行评价。我们本以为正序手势句应该会比错序的更容易理解。但我们又错了：健听受试者对正序和错序手势句的翻译正确率相同，并且回应两类句子时的自信程度也相当。也就是说，正序句并不比错序句更容易理解。尽管如此，孩子还是更喜欢以正序造手势句。这种想要写出有固定语序的手势句，并倾向于坚持某种特定的顺序的强烈渴望来自儿童家庭手语者，这说明孩子才是其家庭手语系统结构的责任人，他们的健听父母则不是。

同时，我们的实验也说明，健听人士并不关注他们看到的手势是否有固定的语序，正因如此，他们才能看懂各种语序的手势。在交流中使用固定线性语序的压力并非来自伴语手势。

如果真如我们所见，孩子才是他们家庭手语系统结构的责任人，并非他们的健听父母，那么我们便有证据证明家庭手语是语言的固有组成部分。当孩子在他们接触的语言中发现家庭手语时，便会学习它们，而当没有语言可接触时，则会发明它们。如果语言消失了，人类很有可能可以重新发明它，而且成品会和我们现在所说的语言非常相似（在深层次上相似）。最重要的是，家庭手语告诉我们双手和思维间强有力的联系。如果我们可以接触到常规语言，我们便会用双手去表达难以在零散的语言学范畴内说清的想法。如果我们接触不到常规语言，我们就会用手发明出一门语言。

语言比数字更具可复原性

语言自然而然地在家庭手语者的世界出现，这告诉我们产生语言是人之为人的重要组成部分。哪怕你没有接触过任何语言，自己也能发明一门语言。那对于音乐和数字等其他具象体系来说，情况也是如此吗？

健听人士会用手指计数——一根手指表示一个物体，两根手指表示两个物体，以此类推。计数法也脱胎于手势吗？已有的文献表明，家庭手语者可能要先有一个计数法范例，才能开发出另一种计数法。蒙杜鲁库和皮拉罕是巴西的两个农业部落，蒙杜鲁库语言中没有表示大于 5 的具体数字，而皮拉罕的语言中干脆没有数字。这两种文化中的健听人士可以将两组少量的物品一一对应（少于 3 或 4），但超过这个数字就不行了。如果让他们挑出 6 个苹果与 6 个梨一一配对，他们有可能挑出 6 个，也有可能挑出 5 个或 7 个——他们的答案会是一个约数，并不精确。[24]

这两种文化不仅没有用于形容大数的词，还往往不会令人置身于需要计算精确数字的情境中。这或许是因为蒙杜鲁库和皮拉罕的文化并不要求人们这么做，而非他们缺少语言范例。我们需要的是没有接触过计数范例，但所在文化中存在精确数字的家庭手语者。尼加拉瓜就符合这一文化要求。比如，他们的货币体系与美国类似，而蒙杜鲁库和皮拉罕的货币体系则不是。尼加拉瓜也有成人家庭手语者。美国的家庭手语者往往会在成长过程中接触常规手语，比如美式手语。于是，成人家庭手语者在美国非常罕见，但在尼加拉瓜，聋哑人可以在成年后依然使用家庭手语。如果在一个重视物品的精确数字的文化中生活和工作，就足以发展出对大而精确的数字（大于 3 或 4 的数字）的理解的话，那么尼加拉瓜的成人家庭手语者，乃至儿童家庭手语者都应该对大而精确的数字有所认识。[25]

丽斯杰 · 斯佩彭是我实验室的一名研究生，她与两位对数字了解颇多的著名心理学家利兹 · 斯皮尔克和苏珊 · 凯利，以及之前的博士后、尼加拉瓜家庭手语专家玛丽 · 科波拉一起，合作主持了一项针对 4 位尼加拉瓜成人家庭手语者的研究。这几位家庭手语者有工作、能挣钱，并且能和健听朋友和家人社交。他们并不认识其他聋哑人，也没正常上过学。我们向他们展示了 10 个数字在剧情中起到关键作用的动画短片，并请他们把这几个故事转述给一位亲戚或朋友，这些亲友并没有看过视频，但非常熟悉转述人的家庭手语——我们用一个“摊手”动作（两只手掌轮流一上一下）问他们视频里发生了什么。4 位家庭手语者都伸出了手指来表示视频中的物品数量。随着物品数量的增加，家庭手语者平均伸出的手指个数也在增加。但只有在物品数量小于 3 的情况下，他们伸出的手指个数才是最准确的。当有 4 个或以上数量的物品出现时，他们的手指个数与之接近，但并不总是准确。比如，当屏幕上有 5 只羊时，他们可能会伸出 5 根手指，但也可能伸出 4 根或 6 根手指。家庭手语者会用手势表示大数字的约数，而非确切数字，至少在他们讲故事时如此。尼加拉瓜的儿童家庭手语者也有相同的表现。[26]

我们也设计了一个非叙事任务以引出确切数字，从而弄清精确性的丧失是否与叙事形式有关。如果给成人家庭手语者两组分别包含一个、两个、三个的物品，他们可以完美地完成任务，一对一，二对二，三对三。如果给他们两组分别包含 4 个或以上的物品，他们就会再一次估算——他们会把 6 个物品的两组相对应，但也可能把它和 5 个或 7 个的组进行对应（就像皮拉罕人一样）。或许，你会说这是意料之中的事，因为数字越大就越难精确。如果给你无限的时间，你总能把这两组准确地一一对应起来。但家庭手语者做不到这一点：当数量大于 4 时，即使给他们无限的时间去将两组一一对应，他们也依然会采用估算的思维方式。大而精确的数字是我们计数体系的基石之一，正如我们组织想法时用的语言结构是我们表达想法的基础。但是，家庭手语者可以发明语言结构，却无法表达大而精确的数字。

语言和数字都是世界性现象。在了解我们的研究之前，你或许会猜测语言和数字会在同等程度上反映我们的思维结构。但你可能猜错了。一个孩子可以创造语言，但不能发明大而精确的数字。人类的语言能力似乎是与生俱来的，而表示大数的能力却并非如此。如果语言真的不小心被完全摧毁了，它也可能会靠着许多与现代语言相同的特征和组织原则得以重建。然而，如果数字被无意间消除，它有可能会被重新发明出来，也可能不会。如果数字真的能被重新发明，可能也需要很多发明者，只靠一个孩子不太可能完成重新创建数字系统的任务——即使教给这个孩子对应物品数量的手势。手势可以发展成一个结构化的语言系统，但不能发展成一个由大量精确数字组成的结构化系统。语言具有复原力，但数字没有。

回归语言

当然，儿童会在成长过程中学习身边的语言。有关家庭手语的发现告诉我们，儿童在语言学习的初期具有对一个具有家庭手语属性的交流系统的需求。如果能够接触到语言，那他们的任务就是弄清我们在家庭手语中看到的那些属性，在所学的语言中是如何表达的。从这个意义上说，孩子为学习语言做好了准备。

那么，他们做好准备学习伴语手势了吗？我们知道，先天性失明且从未见过任何人做手势的人在说话时也会做手势。从这一点上看，人们也为说话时做手势做好了准备。但需要注意的是，一个孩子创造交流系统的第一步是家庭手语，这是一个离散单位被嵌入更大的单位的系统，而不是和离散单位一同使用的伴语手势（或伴手语手势）。那么，伴语手势和伴手语手势什么时候会出现在一个新兴的人类交流体系中呢？换句话说，家庭手语者什么时候开始在他们离散语言形式的同时做手势呢？我们尚未在美国家庭手语者的句子中注意到类似伴语手势的存在，但该领域的研究尚在进行。所以，我们并不真正知道伴语手势出现在语言形成中的确切时间点；我们只知道它们没有出现在语言形成的第一阶段。

家庭手语是一套手势系统，能够反映无法接触语言的孩子们如何在沟通过程中构建自己的想法。同样的结构也存在于人类手语和口语中。造就了家庭手语的结构也使其区别于伴语和伴手语手势。伴随语言的手势也可以揭示我们的想法，但仅限于那些适合用双手擅长的象形方式表现的想法。我们发现手真的很全能：在本书的第一部分，我们了解到手可以利用象形手势在常规语言交流中流露我们的想法；而在第二部分，我们又发现，当常规语言派不上用场时，手也可以从语言学的角度达到相同的目的。

世界各地的聋哑儿童都会发明家庭手语，而这些家庭手语体现了语言的基础要素。很难想象，仅仅依靠家庭手语者如何发明出一门健全的语言。发明了交流手段的个体创造出一种现代语言方面能走多远？为了出现在语言中，某些语言属性或许真的需要层层迭代。而这些属性正是家庭手语者尚未成功开发出来的。这些属性何时、以何种方式会在一门新兴语言中出现？这便是构成下一章的问题。对它的解答有助于我们开始理解今天的语言为何是以如今的方式被构建的。

第5章

自然生长的语言，人为培养的语言

家庭手语揭示了儿童在无法接触语言的情况下如何组织他们的想法。有趣的是，这种组织和层层迭代的语言在构造上十分相似——它们都是离散元素在许多层面上与其他元素的结合体。家庭手语告诉我们，为这些想法创造架构，是我们的思维，而非迭代的语言。

但是，家庭手语并没有展示出人类语言的全部属性。实际上，世界范围内的家庭手语系统都能获得语言属性，并且转变成成熟的手语，因为家庭手语者会经常聚会，在日常生活中也会互相交流。为了了解他们是如何做的，我们可以看一个语言形成的例子，这个例子恰好发生在尼加拉瓜。随着聋哑社群的出现，全世界的手语都从家庭手语发展出来，但是，尼加拉瓜的情况令人振奋，因为研究人员全程目睹并实时追踪了语言的变化。[1]

现实生活中的新兴语言：尼加拉瓜手语

50 年前，尼加拉瓜并没有聋哑社群。聋哑儿童出生在健听家庭中，彼此从未有过联系。于是，这些聋哑儿童用他们的家庭手语和身边的健听人士交流。1977 年，一个特殊教育中心发起了一个针对聋哑儿童的项目，吸引了 50 名学生。1980 年，一所聋哑青少年职业学校开始招生，直至 1983 年，这两所学校的注册学生达到了 400 多人。最初，这两所学校教授的是西班牙语，但学生学起来都很吃力（还记得通过观察嘴唇学口语有多难吗？）。但是，学生都有自己的家庭手语，于是他们开始以此进行交流。也就是说，这些孩子第一次能做出自己的家庭手语，又能看到别人的家庭手语。家庭手语者间的交流衍生出了一种新的语言——尼加拉瓜手语（NSL），而这些聚在一起开始创造尼加拉瓜手语的家庭手语者则成了一期生。[2]

为了了解家庭手语在迈出成为尼加拉瓜手语的第一步时被添加了哪些元素，我和同事比较了不与他人互动的手语体系的家庭手语者和彼此交流手语体系的尼加拉瓜手语一期生。我们识别出了家庭手语者不具备，而一期生具备的语言属性。这些属性很有意思：它们好像只会出现在拥有共同手语体系的人的交流中。家庭手语者会做出有结构的手势，但是没有机会见到这些手势，因为他们的健听父母会使用自己的伴语手势。几十年前，当他们走到一起时，尼加拉瓜的家庭手语者才第一次见到别人所做的家庭手语，这可能就启发了他们在手势中引入新的属性，而如今正是这些属性令尼加拉瓜手语与家庭手语有所区别。这些属性需要有共同的交流才能出现在语言中。

最终，这所学校开始教授学生尼加拉瓜手语，并且聘请成人聋哑者进行教学。如今，学校就读的聋哑儿童见到了手语的范例，并且学得很快。但在学习的过程中，他们改变了这门语言，这类似于健听儿童经常在学语言的过程中改变他们所听到的口语。我的孙女经常说“我不是”（I amn’t）。她根据语言中的其他形式（he isn’t, you aren’t, we aren’t, they aren’t）发明了一个新形式。目前她坚持这种用法，但她的朋友看起来未必能理解。最终，她也会放弃这个用法的。尼加拉瓜手语的区别在于，学习尼加拉瓜手语的聋哑儿童带来的改变会留在语言中，进而改变它，毕竟这里没有年迈的语言规范主义者禁止保留这些变化。这种家庭手语者和尼加拉瓜手语一期生没有继续发展，却得到了后来的尼加拉瓜手语使用者拓展的语言属性，要在一门新的语言中出现，需要从个人到个人之间的传播。它们是在学习的语境下被创造出来的。

所以，现在我们有了三种语言属性，它们因支持其发展的条件而不同。我将在下面几段为每一个类型分别举例。

可复原的属性。第一种语言属性由家庭手语者开发，并且尼加拉瓜手语一期生和后续使用者都继续使用。人类语言有几种方法可以区分对称行为和相互行为。两个人握手、击掌或者见面，都是对称行为，即在一个单一活动的创造过程中，双方都扮演着平等且必要的角色。而在相互行为中，两个人分别进行两个独立的活动，而不是一个。两个人互相打拳、互踢，或者同时挠对方都可以构成相互行为。一个人可以在不让另一个人回击的情况下给他一拳，但一个人不可能独自击掌。在英语中，我们可以这样形容一个对称行为："查理和乔昨天见面了"（Charlie and Joe met yesterday），或者"查理和乔昨天见到彼此了"（Charlie and Joe met each other yesterday）。要注意，我们不说："查理和乔昨天打了一拳"（Charlie and Joe punched yesterday）——我们必须要加"彼此"这个词，否则这个句子就不符合英语语法。

尼加拉瓜的成人家庭手语者也会在他们的交流系统中标记这一抽象的差别，但方式有所不同。让他们形容两个人见面时，他们做出了一个"见面"手势——两根食指在空气中靠拢，就像两个人见面时的场景（见下图所示）。

但当家庭手语者描述两个人同时击打对方的场景时，他们先朝一个方向做出“打”的手势，再朝另一个方向做出“打”的手势（见下图所示）。

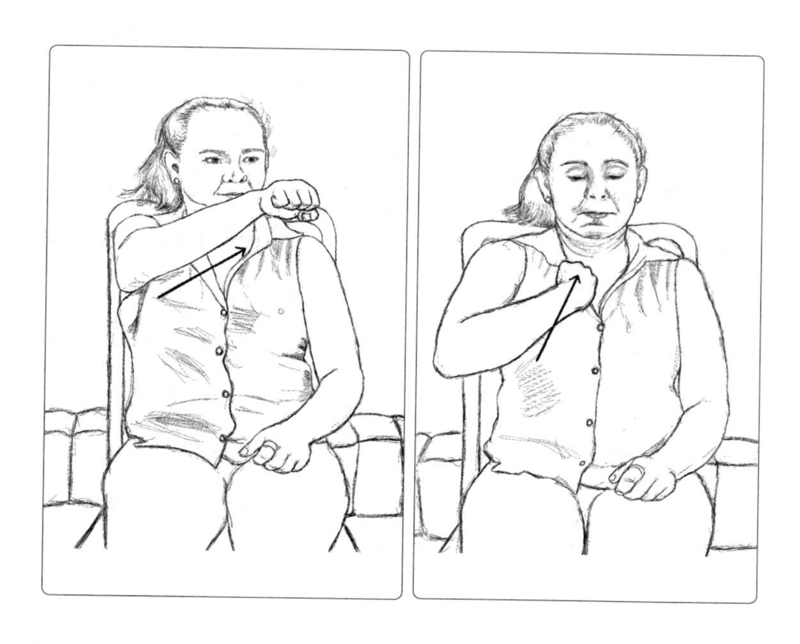

从肢体上说，人们可以同时做出这两个“打”的手势（这并不难），并且同时做出这两个手势可以更准确地描绘出家庭手语者所形容的同时出拳的场景。但他们不那么做。他们描述打拳的方式看上去并不怎么像真实发生的情况，这样做令他们得以标识出对称行为和相互行为的区别。所有批次的尼加拉瓜手语使用者都会做出相同的区分。对称行为和相互行为的区别是抽象的，但它是语言的一种基本属性——基础到即使是与身边人交流系统不同的人，也可以将它重新发明出来。[3]

需要共同交流的属性。第二种语言属性没被家庭手语者开发出来，但被尼加拉瓜手语一期生开发出来了。找到这一种语言属性要比我想象的难得多。这意味着语言的许多属性都可以被一些家庭手语者创造出来，虽然他们从未见过这些属性的形式，但是也创造出来了。这些属性的衍生不需要共同的交流。但是，我们发现尼加拉瓜手语一期生在语言的一个方面表现出色，而家庭手语者则不然，那就是为物体设定一套稳定的标签。这一语言属性的衍生确实需要共同交流。

我在芝加哥大学的同事戴安·布伦塔里和我，以及之前的一位学生劳拉·霍顿，一起比较了尼加拉瓜家庭手语者和尼加拉瓜手语一期生和二期生。我们要求所有小组描述电脑上的短视频——比如，一本掉落的书侧面着地，或者一只手把书沿侧面放好。之后，我们研究了每当需要描述这一物品时，相同的手势出现的频率。我们发现，尼加拉瓜手语一期生和二期生在描述所有视频时，每个人都使用了相同手势来描述这本书（手势前后一致），并且和同组其他手语者使用相同的手势（手语者的手势保持一致）。相比之下，家庭手语者在不同的视频中描述这本书时的手势都不一样。这或许并不令你惊讶，毕竟家庭手语者彼此不认识，所以也不应该期待他们为一本书发明一个统一的手势。可能会令你惊讶——至少令我惊讶——的是，每位家庭手语者每次标记这本书时的手势都不一样。比如，一个家庭手语者可能会伸直四根手指去标记一本被人放在地上的书，但只用两根手指标记一本自行掉落的书。尼加拉瓜手语一期生和二期生在两种情况下使用了同一种手势。一个词的稳定性，甚至是个人词汇的稳定性，看上去似乎只能在社群的压力下产生，因此也只存在于尼加拉瓜手语一期生和二期生中，而不存在于家庭手语者中。[4]

需要学习的属性。第三种语言属性没能被家庭手语者和尼加拉瓜手语一期生开发出来，却被尼加拉瓜手语后续的使用者开发了出来。莉莉娅·里斯曼是我之前的一位博士后研究员，她牵头了一个项目，研究尼加拉瓜家庭手语者，以及尼加拉瓜手语一期生、二期生和三期生手语中的行为人省略。当描述一个能看到全身的人把书沿侧面放的视频时，所有的手语者，包括家庭手语者，都做出了一个C形手势，仿佛把书与动词（“拿”的手势）融为一体。而在描述书自行掉落的视频时，所有手语者都用一个放平手掌的手势表示书与动词（“物品”的手势）的融合。小组之间的区别体现在他们对第三个视频的反应，而这个视频只能看到示范人的手：一只手把书沿侧面放下，而放书人的头和躯体都看不到。

在英语中，如果我们想省略做出动作的人，我们可以使用被动语态——“书被放在了桌子上”（The book was placed on the table）。尼加拉瓜手语二期生和三期生发明了一种行为人省略的方式。他们用两种动词来描述书的活动：用“拿”的手势表示动词“放置”，接着用“物品”的手势表示动词“放置”。这是一举两得的组合：第一个动词突出的是放书的行为人，第二个动词突出的是作为物品的书的本身，这样就一次产生了两个重点。重点是，这种策略只受到尼加拉瓜手语二期生和三期生的偏爱，并且只能看到手——而非全身部位——移动书的视频。这是一种将重点从行为人身上移开的方式，这种被动结构只有在二期生从一期生那里学习尼加拉瓜手语时才会出现在语言中。二期生的优势在于看到了一期生和家庭手语者在不同的语境下使用“拿”的手势和“物品”的手势的形式。随后，他们可以利用这些形式，并将其结合以便在行为人不够明确时表示新的情况。换言之，这种被动语态的等效物是在不同期的学生学习这门发展中的语言时被引入尼加拉瓜手语的，这是一个迭代的过程。二期生是站在一期生——也就是他们的前辈——的肩膀上的。[5]

到目前为止，我们已经探究了一门自然新兴的语言在走向成熟的语言时所采取的步骤。家庭手语者靠自己只能走到这里，他们无法开发的语言属性需要附加条件才能出现；使用者之间的交流可以产生家庭手语不具备的词汇稳定性，将这种词汇稳定的语言传递给下一代使用者，就会产生在家庭手语或一期生中都没有的行为人省略。请注意，这些属性在任何情况下都不存在于伴语手势中：除功能上等同于无声词汇的象征手势之外，手势的形式不具备稳定性，并且手势中的行为人省略并没有标准形式。是与他人共享一个交流系统并向他人学习的压力，将家庭手语变成了一门健全的语言。但是，这些压力对伴语手势没有相同的影响。只有当这些压力被家庭手语者用作交流思想的语言结构时，它们才会将人类语言塑造成今天的样子。

实验室中的新兴语言：无声手势

通过研究尼加拉瓜手语这样在自然状态下出现的语言，我们可以对塑造语言的力量产生诸多认识。但真实的世界是凌乱的，这就意味着我们对语言出现的环境几乎没有控制力。我们并不总能辨别出是什么导致了这种变化，以及变化造成的结果。在实验室内搭建一个语言形成的模拟环境，可以帮助我们判断是什么扳动了语言进化的轨道。

西蒙·科尔比是一位英国认知科学家、爱丁堡大学语言进化学的权威人物，也是首批尝试在实验环境中探索语言形成的人中的一位。他和同事搭建了一个实验，实验要求说英语的人学习一门由随机字母串组成的词（如“kamone”“gaku”“hokako”）和图片配对而成的“语言”。实验包括 12 个“词”和 12 张图片，图片在两方面有所区别：（1）形状：一共有三种不同的形状——一种是有一个凸起的青豆形，一种是有三个凸起的尖刺形，还有一种是有 6 个凸起的星形；（2）填充：一共有 4 种纹理和填充色——白色、黑色、格子状和点状。学习会在电脑屏幕上依次看到 12 个单词，每个单词搭配一个不同的形状。每一对单词–图片组合他们都会看 6 次，他们的任务就是学习每张图片的文字标签。这是实验的学习阶段。

接下来是交流阶段。两个学习者通过电脑交流，轮流收发信息。每一轮的发出者会看到一张图片，并且需要把它的标签输入电脑，这样接收者才可以从 6 张图片的排列里找出对应的图片。每次试验后，这对学习者都会得知他们是否“交流”成功，成功一次可积一分。然后二人互换角色，接收者变成发出者。

最后一步是传输阶段。在第二阶段中的学习者制作的标签会用来教授下一代学习者。下一代学习者也会看到这些标签与各自图形的配对。有些标签会和最初一样，而有些标签会和最初时有所区别。这有点儿像传话游戏，错误的信息也会被传给下一个玩家。这个过程将持续 6 代。

为了证明不同学习者的传递塑造了语言的形成过程，科尔比和同事还准备了第二组受试者。这一组的学习和交流阶段与第一组一样，但是传输阶段有所差异。实验人员不再将标签传递给下一代学习者，而是交给同一组学习者——也就是说，同一组学习者要完成 6 轮实验。

玩传话游戏时，我们根据最初的信息在传递后是否保持不变来衡量胜负。按此标准来看，大赢家是相同学习者那一组。尽管并不完美，但在第一代之后，他们给出的结果要比不同学习者组更接近最初的标签。实际上，不同学习者那一组的标签离最初的标签越来越远，他们真不擅长玩传话游戏。

经过 6 轮迭代后，不同学习者组的“语言”怎么样了呢？有趣的是，他们的标签变得越发具有对称性和结构性。比如，不同学习者组中的一对搭档最后给 3 种形状（“ege”对应青豆形，“mega”对应星形，“gamene”对应尖刺形）和 4 种填充（“wawu”对应黑色，“wawa”对应格子状，“wuwu”对应点状，而白色无对应标签）都贴上了不同的标签。之后，他们便把这些标签系统地结合起来：“mega-wawa”是指填充了格子状的星形，“ege-wawa”是指填充了格子状的青豆形，“ege-wuwu”是指填充了点状的青豆形。并非所有的不同学习者组的搭档都这么具有系统性，但他们都在朝着这一“组合”的方向发展。[6]

这个实验能告诉我们有关语言形成的哪些信息呢？在人为创造的实验室环境内，当“语言”在交流环境中层层迭代时，语言会随着时间的流逝而改变，并且越来越具有结构性和系统性。这一范式模拟出了尼加拉瓜的情况，尼加拉瓜手语二期生从一期生那里学习手语并进行改动，三期生再从二期生那里学习手语并再次进行改动，以此类推。

尽管这类人类语言学习的研究片面地模拟出了语言的形成，但它们无法模拟语言被创造出来的最初阶段——换言之，家庭手语是无法模拟的。这些研究的内容是语言在学习过程中是如何变化的，而不是语言的基础最初是如何被创造出来的。

但是，一系列新实验将语言的创造过程搬进了实验室。大多数这类实验会请受试者创造手势而非声音，用手势描述场景或者物品，只是因为创造手势标签比创造口语标签容易。对成人来说，创造所谓的无声手势并不难。这个过程会让人联想到猜谜游戏，但无声手势并不像人们在猜谜游戏中那样以口语为基础——正如你即将看到的，这会是最有意思的发现之一。[7]

第一个有关无声手势的实验比较了我们说话时自然做出的手势（伴语手势）和不说话时描绘一个场景的手势（无声手势）。我们请说英语的成人用语言描绘一系列视频中的情景，之后只用双手再次描述相同的情景，我们比较了两种情况下的手势。这两种类型的手势看上去非常不一样。说话时的手势手形松散，动作绵软——看上去和典型的伴语手势别无二致。而代替话语的手势则干净利落，手形和动作都清晰明确——很像家庭手语。[8]

让我们看一个例子。我们给一位成人展示了一张圆环沿弧线跳出烟灰缸的图片。

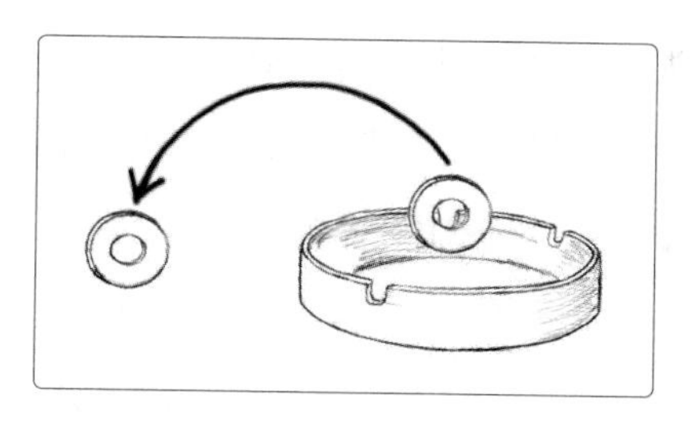

这个成年人是这样进行口头描述的：“这个圆环跳出了烟灰缸。”同时做出了以下手势（见下图所示）。

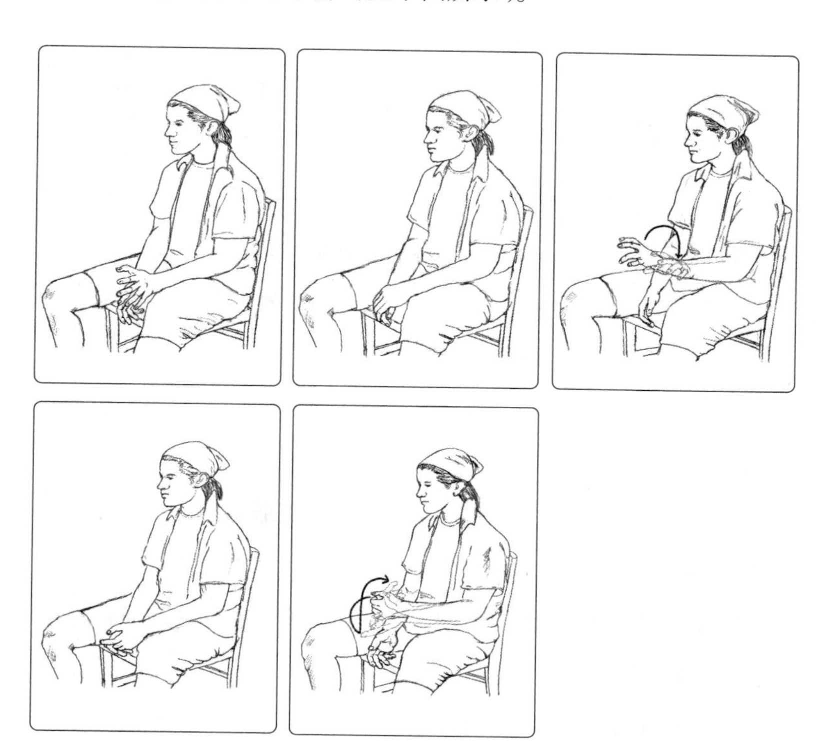

当要求他只用手势形容这个场景时，他做出了一串清晰连贯的手势：两个表示烟灰缸的手势（“抽烟”和“掐灭”），一个表示圆环的手势（“圆的”），一个表示动作的手势（“沿弧线跳出去”）（见下图所示）。

两次诠释中唯一相同的手势只有“沿弧线跳出去”，而且伴语手势远不如无声手势完整。在后面这个版本中，他将右手比作圆形（表示圆环），沿弧线跳出了他平摊的左手（表示烟灰缸）。

无声手势和伴语手势还有一个区别。即使伴语手势间有联系，那它们也不是按照固定的顺序排列的，无声手势却有固定顺序。这个成人和实验中的其他成人一样，都是先用手势表示静物（烟灰缸），再表示运动的物体（圆环），最后表示动作（弧线）。请注意，这并不是英语的默认语序：我们会说“圆环跳出烟灰缸”，而不是“出烟灰缸圆环跳”。这一区别凸显了我们手的功能的多样性——它们通常作为伴语手势丰富我们的语言，又可以立即转变为一个系统，承担起交流的全部重担。[9]

在实验室中搭建出手势-创造的环境之后，我们扩大了成人受试者描述的场景储备，并将实验的范围扩大到其他语言的使用者——除英语之外还有土耳其语、汉语和西班牙语。比如，我们让不同语言的使用者用手描述一个船长摇晃着水桶的视频。说英语的人在头上做了一个摸帽檐的动作，以此代表“船长”，即句子的主语（S），用表现圆形的桶的动作代表水桶，即句子的宾语（O），又用一个摇摆的动作表示动词（V）。4 种语言的使用者都按以下语序做出手势——船长-水桶-摇晃、主语-宾语-动词（SOV），尽管这并不是英语、西班牙语或者汉语的正常语序。

这个发现在许多不同语言（土耳其语、汉语、韩语、日语和意大利语）的使用者中反复出现，当表现动态人物对静态物品做动作的场景时，他们的手势都是按SOV语序排列的，尽管SOV并非大多数语言的正常语序。当脱离话语独自出现时，手势或许会反映出我们在语言之外对于事件组成要素的思考方式。为了探明SOV顺序是否在手势之外也适用，我们请英语、西班牙语、汉语和土耳其语的使用者观看视频，并用画有简笔画的透明塑料板重新讲述他们所看到的景象，一张简笔画画的是船长（S）、一张画的是水桶（O）、一张画的是摇晃的动作（V）。他们的任务是在看完视频后，将这几张透明画片叠放在钩子上。无论怎样叠放这些透明画片都可以重现情景——因为它们是透明的，所以你把画片叠放在钩子上的顺序并不重要。然而，所有受试者都最先拿起了船长那张画片（S），接着是水桶画片（O），最后才是摇晃的动作的画片（V），他们在一个截然不同的语境中再次使用了SOV语序。或许，无声手势揭示了我们在不说话的情况下是如何构建这个世界的。[10]

根据这一假设，无论谁做出的无声手势看起来都是一样的——换言之，无论你说什么语言，你的无声手势的结构都和其他人一样。这一点尤其令人吃惊，因为你的伴语手势会受你掌握的语言结构的影响。还记得第2章的例子吗？说英语的人会把动作的路径（穿过）和作用于路径的方式（跳着）放在同一个分句中："我跳着穿过街道。"他们也会做出一个同时包含路径和方式的手势——扭动手指的同时将它们移过来。与之形成对比的是，说土耳其语的人会在不同的分句中分别描绘路径和方式（先扭动手指，再把手移过去）或者用一只手表示路径（把手移过去）。但在做无声手势时，说英语的人和说土耳其语的人都会把路径和方式结合在一个手势中，这和家庭手语者表示沿路径运动的手势相同。说土耳其语的人会用两只手表示走路的两只脚（右图），说英语的人则用两根手指表示（左图）。但要求他们在不说话的情况下做手势时，他们都将走路的动作融入了路径动作。你可以将这些无声手势与第 2 章中说土耳其语的人和说英语的人（有视力者和盲人）的伴语手势图片进行对比。[11]

到目前为止，我们实验所观察的对象都是成人。那么，儿童可以发明出一门手势语言吗？让儿童做无声手势需要一个巧妙的范例。把两个 4~6 岁的儿童带到不同的房间中，并告诉他们可以通过一个视频频道进行交流。一个孩子作为发出者，他需要把一张图的内容告诉另一个孩子，也就是接收者。一开始，摄像头的声音和画面都正常工作，孩子们也学会了游戏的玩法。接着，实验人员切断语音连接，告诉孩子们语音系统出了故障，他们只能试着用身体代替嘴巴来传递信息。这两个孩子——尤其是那个6岁的孩子——轻而易举地便能使用手势传递图中的内容，而且这些孩子创造出的手势都具备人类语言和新兴手语的基本特征，这着实令人印象深刻。毫无疑问，这些无声手语的小小使用者都会一门语言（成人无声手语者也是如此），所以他们并不是真的在发明一门语言，而是在创造自己的口语之外的语言结构。发明语言的最有力证据依然来自家庭手语。[12]

但是，如果我们能够证明家庭手语与无声手势之间的相似之处，我们就可以更加确信，实验室研究确实对语言的创造和形成带来了一定的启示。举个例子，一项在实验室进行的无声手势研究调查了不同类型事件描述中的语序。在一个内涵性事件中，动作的客体并不会出现在事件开头："我烤了一个蛋糕""我画了一幅画"——这类事件往往包含创造一个客体。而在一个外延性事件中，动作客体一开始就会出现："我切了蛋糕""我撕了画"。这类事件往往包含对一个现有客体做出行为。我们发现无声手势者会使用不同的手势语序描述这两种事件：用SVO来描述内涵性事件，用SOV来描述外延性事件。这项实验室中发现的区别，也同样适用于人类的语言–形成环境吗？尼加拉瓜手语者也会用这两种语序分别描述内涵性和外延性事件吗？[13]

我的研究生莫莉·弗莱厄蒂能熟练地使用尼加拉瓜手语，她和她的搭档玛丽可·舒斯特拉发现，尼加拉瓜手语者确实会使用不同的语序。这意味着在条件可控的实验室中发现的语序现象，良好地模拟了自然状态下的语言形成过程。我们尚未对家庭手语者进行测试，但根据对无声手势者的研究，我们预计家庭手语者也会进行语序区分：无声手势者既不需要看到手势系统的范例，也不需要与他人分享他们的手势加以区分，因此家庭手语者应该也能够做到。实验室研究可以得出一个假设：区分内涵性事件和外延性事件是人类赋予语言的机能的一部分。通过研究正在尼加拉瓜自然兴起的语言，我们可以对这一假设进行测试。[14]

还有一个方法可以判断人类语言的形成和无声手势间是否存在共性：先在现实世界中创造一种现象，再将其带进实验室。娜塔莎·阿布纳是我的一名博士后研究员，她主导了一项针对尼加拉瓜家庭手语者和尼加拉瓜手语一期生和二期生的实验。我们的问题是这些群体中是否至少有一组会区分名词和动词？所有的语种都会有所区分，只是方式不同，那么尼加拉瓜手语会进行区分吗？如果会，它们是如何形成的，又是如何进行标记的？英语中的名词和动词在句中的位置不同，且有不同的词尾：名词出现在限定词（the、a）之后，有复数词尾（-s、-es）；动词出现在助动词（is、do、have）之后，有时态词尾（-ing、-ed）。尼加拉瓜手语也会以某种形式进行区分吗？为了一探究竟，我们制作了一套视频用于引出名词和动词的不同形式。我们给一个人演示钉钉子；这个视频中的“锤子”手势表现了这一动作，起到动词的作用。我们也给另一个人表演了没有包含锤击的动作，比如把它扔到杯子里；这个视频中的“锤子”手势可能会描绘这个物品，并起到名词的作用。

所有尼加拉瓜手语者，包括家庭手语者，都区分了名词和动词的用法：动词手势出现在句子末尾，而名词手势在句中出现得更早。正如我们在低龄美国家庭手语者中见到的那样，人类在语言中引入了名词–动词的区别，即使他们没有从任何人那里学会这门语言，也没有和任何人交流过。

但是，家庭手语者并没有使用手语者的所有区分方法。尼加拉瓜手语者的动词手势幅度更大（调动多个关节：腕、肘、肩），名词手势幅度更小（只调动手腕）。手语者加入聋哑社群的时间越长，用动作幅度区分名词和动词的可能性就越大。这就产生了一个有趣的问题：学习他人是否构成以手势幅度标记区分名词和动词的必要条件（就像尼加拉瓜手语二期生，以及后面几期）？还是只与他人分享这门语言就足够了（如尼加拉瓜手语一期生）？[15]

实验研究给了我们一些线索。现在，我们把这些视频播放给说英语的健听人士看，并让他们用手而非用口描述视频中的场景。其中一些人经过一系列尝试发明出了自己的手势——和家庭手语者一样。一些人和其他英语人士一起发明了自己的手势，同样只用手不用口，这与尼加拉瓜手语一期生一样。与尼加拉瓜手语的实验结果一致，本项试验中的所有成人都使用语序区分名词和动词，将动词置于手势句的末尾，而名词置于更靠前的位置。但是，没有人使用手势幅度进行区分，这说明与他人共同创造和分享语言并不会产生足以造成这种区分的压力。下一步，我们将这些"第一代"受试者的视频输入给新一代的成人，重复以上步骤，直至迭代6次。我们的问题是无声手势是否会在某一刻开始以动作幅度大小区分名词和动词？果真如此的话，我们便有有力的证据证明，传递是这一属性在新兴语言中出现的必要条件，并且我们将会知道——至少在实验室状态下——需要多少次迭代。[16]

无声手势揭示了人类在需要交流时所依赖的深层认知结构，无论我们使用哪种语言，也无论我们是否有语言。当你到访国外却不懂当地语言时，这就非常有用了。人们在国外往往会做手势以努力让对方理解自己的话。这个策略有可能是错的。如果你在说话的时候做手势，手势就会取代话语的位置。如果你不说话只做无声手势，你则可能会在手势中使用与交谈对象相同的结构——你更有可能表达清楚自己的意思。这里举一个我大学室友的例子。她访问卢旺达时想找一个食品市场。她什么也没说，只是做了一个"吃"的手势，接着做了一个"哪里"的手势（把双手摊开），就像家庭手语者那样。她确实冒了被指路到餐厅的风险，但当你在一个陌生的地方饥肠辘辘时，能被指到餐厅也不错。无声手势汇集了所有我们共有的交流策略，并独立于语言之外。重要的是，无声手势与你说话时使用的伴语手势截然不同。

我们用了两章的篇幅来探究接触不到语言的儿童的手势。为什么要这么做呢？第一点原因，这一现象恰好解释了结构性交流对人类有多么重要。一个不能像我们一样接触到语言的孩子，却能发明一套家庭手语系统。这个系统具备人类语言的许多（但并非全部）属性。家庭手语说明人类思维属性构建了语言，而不是语言构建了思维。也就是说，是我们的思维塑造了语言，而不是语言塑造了我们的思维。

第二点原因与第一点原因相关。在研究家庭手语者之前，我们会猜测没有接触过语言的儿童可能完全没有交流能力，并且就算他们能交流，其复杂程度也不会超过动物的交流，交流中会缺少多层单位的组合规则。但这种猜测是错的：孩子有很多话可以说，而且他们能以一定结构说出来，哪怕他们学不会说话，或者手语并非他们父母的主要语言。人类语言有顽强的生命力。

有了这些发现作为背景，我们花费了5章学习的手势即将迎来回报。无声手势是没有语言输入的儿童或没在说话的健听人士所创造的，它为我们提供了一个独特的窗口，让我们了解人类喜欢用语言表达的想法，而不受世界上真实存在的语言的限制。我们可以利用或教授这些手势，以应对口头交流有困难的时刻——比如发育迟缓时、受伤后、周遭嘈杂、语言不通，等等。伴语手势也可以向世界表达你的想法，但这些想法并不一定能轻松融入语言。它们可以让世界注意到你，也会以不同于没做手势时的方式回应你。这些伴随着话语的手势还可以参与到你的思考中，并为其带来改变。从日常对话到法庭辩论，手势在众多场景中都大有可为。第三部分将探索其中的三个场景，以期揭示如何用你的手让世界变得更美好。

第三部分

留意你的双手

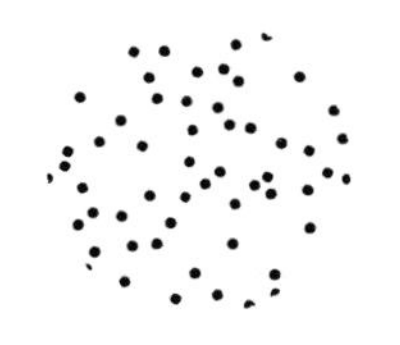

第 6 章

用手育儿

本书的最后一部分将总结我们已了解的，并告诉我们理解各种伪装下的手势能够如何让我们在儿童发展、临床诊断和教育等现实语境下得以更好地理解他人和自我。本章和接下来两章的大部分内容将聚焦于儿童（育儿、治疗和儿童教育），原因正如我在前言中所说：我是一个发展心理学家，儿童发展是我的专长。但无论你是不是家长、医师或者教师，这一部分的要点都与你息息相关。即使你并不经常和儿童打交道，了解手势如何帮助你更好地了解他人和你自己都是十分有用的——毕竟成人也做手势。而且请记住，正如前言所述，一些成人组实验结果与所对照的儿童组别无二致。我敢打赌，我向你展示的所有与孩子互动时的手势，都可以推断出与成人互动时的手势。

你的手势让你的想法更完整，也就是说，人类交流的全貌包括语言和手势两方面。为了全面了解我们自己和他人——我们如何发育、如何教学、如何知他人所知，甚至是如何知己所知——我们必须将交流重新定义为一个介于语言和手势之间的动态概念。

从你的孩子刚开始学说话，一直到青春期以后，手势都可以在很多方面帮你成为一个更敏锐的家长。因为手势可以挖掘出隐藏的想法，你可以用这个现成的方法来识别孩子的想法，有可能他们自己都不知道这个想法——这是一个适用于所有年龄段的实用育儿工具。而第一步，就是观察孩子说话时的手部动作，并且知道该留意什么。

留意你孩子的手势

儿童进入语言的世界是先“入手”。也就是说，哪怕孩子还没有学会说话，手势就可以对育儿有所帮助了。如果你的孩子看到你的帽子的时候指着你，她实际上是在告诉你她知道那是你的帽子。接着，你就可以围绕着这一“指示”，开启一段双方都感兴趣的对话：“对，那是妈妈的帽子。你的帽子在哪儿呢？”之后，当孩子进入青春期变得不愿吐露心事而不爱交流时，他们的手也会继续“出卖”他们。如果你的小少年在坚称你错了的时候做出摊手和耸肩的动作，其实就释放了不确定的信号，甚至他们可能准备好妥协了。

正如我曾多次强调的，手势往往是表明一个孩子准备好迈向下一个发展阶段的先行证据。这意味着，你可以利用孩子的手势——或缺失的手势——作为他们取得进步的早期指标，或者他们未步入正轨的早期预警。要想知道应该留意什么，你需要了解儿童手势的典型发展轨道。所以，让我们从头开始。

在语言学习的早期，儿童的词汇量有限，所以手势可以帮助他们拓展交流范围。儿童在8~12个月时开始做手势。他们用第一批手势来吸引目标的注意：他们会指着物品、人或者位置，会拿着物品让你看着它们（但不是拿走它们）。这类手势被称为“陈述性指示手势”。儿童也会用指示达到目的：他们指着想要的东西，或者想让你动的东西。这类手势被称为“指令性指示手势”。再过一段时间，儿童会向成人一样使用具象化手势（描绘物品、动作或属性的手势）。比如，一个孩子用摆动胳膊来表现一只鸟或者飞的动作。[1]

这些早期的手势不仅先于语言出现，还可以预测语言的表现。儿童在早期做出的手势越多，在发育过程中可能掌握的词汇就越多。有趣的是，能预测之后的语言技能的是儿童的陈述性指示——有对话感的那种——而非让他人做事的指令性指示。甚至，我们可以通过观察孩子指示的物体，提前几个月预测哪些特定的名词会进入孩子的口语词汇。比如，一个孩子不会说“鸟”这个词，但是通过指示表达了自己对鸟的兴趣。大约 3 个月内，这个孩子很有可能学会并使用“鸟”这个词——可能性要大于学习孩子没有在早期指示过的单词。手势为儿童学习基础名词铺平了道路。有趣的是，手势似乎并没有为儿童学习基础动词创造条件。儿童的第一个具象化手势（“拧开”手势）要比他们使用第一个动词（开）晚 6 个月。所以，如果你的孩子没有在早期做出具象化手势，也不要担心，他们迟早会做到的。[2]

儿童的手势预示着学习短语和句子的开始，我认为这一点非常有趣，并且可能很有用。至少在美国，健听儿童很少将手势与手势相组合。但是，他们在可以将词与词结合之前，就已经将手势和语言结合在一起了。他们早期的手势+话语组合是指示+之后的物品标签的组合——比如，指着狗+“狗”手势。在这种结构中，手势补充了话语。互补型手势+话语组合预示了短语的出现，其中一个词，即名词（“狗”），指定了对象的类别；而另一个词，即限定词（“这个”），指定了这一类别中的某个特定成员。一旦儿童开始在其话语中使用类似“这只狗”的结构，他们使用指着狗+“狗”组合的次数就会减少。这一发展过程说明指着狗+“狗”组合的功能，最终被“这只狗”取代。[3]

在做出互补型手势+话语组合之后，儿童的下一步是做出手势传递出与所伴随的话语不同的信息——附加型手势+话语的组合。比如，一个孩子指着一个球说“这里”，要求把球放在固定位置。

手势与话语间传递的信息被联系在一起，便形成了一个可以用短句“球这里”表达出来的意思。可以确定的是，在做出第一个附加型手势+话语组合约3个月之后，儿童便会造出他们的第一个双词句。[4]

上述几段的发现表明，手势不仅仅是整体交流技能的早期指标。这是一个前奏，预示着孩子即将进入具体的语言步骤。当我们观察一个孩子的手势手法时，这一点变化很明显。表示物品的手势预示了之后的口语词汇——例如，孩子在18个月大时指着一个玩具熊，预示着孩子42个月时会说出“熊”这个词，但这并不代表双词句的出现。反之，在18个月时创造出早期的手势+话语组合——比如指着熊+“吼”——预示了42个月时双词句（“熊吼”）的出现，但这也并不能预测之后口语词汇的情况。[5]

手势不仅能打开造句之门，一个孩子做出的特定手势+话语组合可以预示他或她到达了特定的语言里程碑。举个例子，一个孩子做出了“喝”的手势——把手握成杯状放到嘴边，并且头向后仰——然后说“你”。几个月后，这个孩子便可以说出包含这些元素的句子：一个代表施动者的词（先前组合中的“你”），以及一个代表动作的词（先前组合中的“喝”）——比如“你画”。还有一个孩子，他指着一辆车说“开”。几个月后，这个孩子便可以口头造出包含一个动作（先前组合中的“开”）和一个动作对象（先前组合中的“车”）的句子——比如“骑小马”。最后，想象一个孩子做出“吃”的手势，用拳头戳戳自己的嘴，然后说“我喜欢”。几个月后，这个孩子就可以造出复杂的口语句子，包括两个动词（先前组合中的“喜欢”和“吃”）——比如“帮我找”。附加型手势+话语组合继续充当逐渐复杂的语言结构的铺路石。[6]

在后续的发育中，手势也会预测儿童故事中的变化。5岁时，有些孩子就已经可以在讲自己的故事时代入角色视角了——只体现在手势中，并不体现在话语中。比如，一个孩子用前后移动自己的上半身和头来表现啄木鸟啄食，呈现了正在啄食的啄木鸟的视角（角色视角），而与之相对的是把手做成喙的形状前后移动，这表现的是一个看着鸟的旁观者视角。一个有趣的结果是，5岁时能产生角色视角的孩子在六七岁时更有可能讲出结构巧妙的故事，而不能产生角色视角的孩子则做不到这一点。好的故事需要调动视角，这或许就是能在早期手势中展现角色视角的孩子，能在之后讲出结构巧妙的故事的原因。手势继续充当变化的先兆，因为它在话语和叙事结构中承担了新的角色。[7]

我们知道，幼儿在发育早期可以做出有意义的手势+话语组合，以充当句子的作用。这意味着，即使是蹒跚学步的孩子，当他们把手势和口语感官结合在一起时，也能够整合信息。那么当目睹两种感官结合时，学步期的孩子也能将它们整合在一起吗？我们给只会说单个词语但能做出手势+话语组合的孩子发出英语指令，有些指令有手势，有些则没有。比如，我们不加手势地说

“推”，或者说“推”的同时指着一个球；我们不加手势地说“饼干”，或者说“饼干”的同时做“给”的手势——胳膊向前伸，并且张开手。我们还告诉孩子手势+话语组合意思的句子：“推球”或者“给饼干”。所有的孩子都能把话语所表示的信息与手势所表示的信息结合起来——与单独的“推”和“饼干”指令相比，他们更有可能在收到“推”+指着球的手势时去推球，也更有可能在接到“饼干”+“给”的手势时给出饼干。实际上，他们回应手势+话语组合时和听到口语句子“推球”和“给饼干”时做出手势的频率是一致的。幼儿可以在生产和理解的过程中，将肢体和口头信息整合起来。所以，在与孩子的互动时，不要害怕用手势传递不同于话语的信息：你的孩子能够理解，并且会从中受益，正如我们即将看到的那样。[8]

一旦儿童掌握了口头造句的能力，他们就不再需要手势去填补空白或充当词语了。但他们仍旧会做手势，我们都会做手势。作为成人，我们不仅用手势传递类似词语的意义，也用其表达影响对话语理解得更广泛的想法。从这一点上说，手势可以帮助儿童和成人学习语言之外的其他领域，比如守恒、数学、平衡秤、化学，等等。我们已经看到，手势可以与成人产生的和听到的话语无缝融合。儿童能否将话语与手势结合起来？哪怕这些手势本身没起到词语的作用，却在两者中增添了新的想法？

手势–话语整合是人类交流的一个重要特征。与手势结合的发声行为对人类儿童来说习以为常，但在类人猿中并不多见。跨越两种感官（手势和话语）整合信息的能力，很可能是支持着我们祖先形成语言的关键一步。所以，我们何时才能掌握儿童的手势-话语整合的有力证据呢？[9]

为了解决这一问题，我们首先要解决成人的手势-话语整合。我们给成人观看一个视频，视频中的人说出一句话时分别有一个人做手势，而另一个人不做手势。比如，看看这个小故事："史黛西非常激动，她的父母给她带回一只新宠物。闪闪，它要多可爱就有多可爱，在她喂食的时候想咬她。"包括你在内的所有人，如果只听这个故事而看不到手势的话，可能会猜史黛西的宠物是一只狗——如果再听一遍这两句话，并在听到"宠物"这个词时看到说话者做出一个拍打手臂的手势，你可能就不会这样想了。这个手势改变了一切，你现在应该猜出这只宠物是一只鸟了。只有当你理解手势所传递的信息，并且把它与话语所传递的信息整合到一起时，才能有这样的理解。

我们实验中的所有成人在看到拍打手势后都认为这只宠物是一只鸟——他们可以整合手势和话语。为了弄清当我们整合手势和话语时，头脑中是什么样的，同时也为了获取另一种整合方式，我们在给这些成人讲小故事的同时，对他们进行功能性磁共振成像，通过检测与血液流向有关的变化来探测大脑活动。我们想探究大脑的哪些区域在句子有手势和无手势时被激活。我们也向成人提供了手势和话语信息一致的句子——我们把“宠物”替换成“鹦鹉”——所以，手势就不再是理解宠物是一只鸟的必要条件了。尽管手势传递的信息相同，但相较于拍打手臂与“鹦鹉”结合的情况，大脑中的三个区域在拍打手势与附加的“宠物”信息相结合时反应更强烈——左侧额下回三角部、盖部和左侧颞中回后部。换句话说，当手势+话语组合时，这三个区域是活跃的，而当手势仅仅是与话语同时出现时，这三个区域并不活跃。[10]

我们用相同的句子和脑部成像技术对 8~10 岁的儿童进行了测试。有一些孩子在看到拍打手臂的动作和“宠物”词语相组合时，意识到那只宠物是一只鸟。他们能够将手势和话语整合起来。但有些孩子则做不到这点。重要的是，两组儿童被激活的大脑区域有所不同。相比与拍打手臂的动作和“鹦鹉”一同出现，这一动作与“宠物”一同出现时，大脑的额下回、左侧颞中回和左侧颞上回这三个区域产生了更多活动。这种激活模式仅在听到“宠物”这个词并看到拍打手臂的动作后，意识到宠物是一只鸟的儿童中出现。

能够进行手势–话语整合的儿童，无论是在行为上还是脑科学上，都与不能进行整合的孩子有所差异。儿童的手势–话语整合的脑部激活区域与完成同一任务的成人有所重叠，只是成人的脑部激活区域更广。这就说明儿童要想达到成人的手势–话语整合水平，还要有许多发育工作要做。这项研究中发现的手势–话语整合的时刻（8~10 岁）在其他领域是否依然成立，还是说只对故事的理解来说成立，这是未来需要研究的问题。但这项研究提供了一种可能的神经生物学机制，它可以在整个童年期支撑儿童与日俱增的手势–话语整合能力，甚至是造成儿童在整合能力方面个体差异的原因。[11]

有一次，我把这一手势现象告诉了一位同事（他是一位语言学家）。我告诉他早期的手势+话语组合可以预示语言学习期的幼儿使用双词句的开端。回到家后，他聆听并观察了自己蹒跚学步的孙子，并发现他实际上在做附加型手势+话语组合（比如，“打开”+指着盒子）。我的同事预计他的小孙子很快就会造出双词句，事实也的确如此。他的儿子，也就是孩子的爸爸，对此钦佩不已。所以，手势的知识至少可以让你获得他人的钦佩。我们下一节便会提及，你也可以利用它给予孩子量身定制的回应，以及促进孩子的语言学习。

回应你孩子的手势

你的孩子不会说“狗”这个词，只是指着它来吸引你的注意。对你来说，一个非常自然的反应就是说：“对，这是一只狗。”这看起来是一个教孩子说“狗”这个词的好时机，因为这一刻他明确地表现出对这种动物的兴趣，可能更容易学会这个词。这好像就是一个“教学时机”——教授特定主题和观点在这一刻会变得相对容易，这通常是因为学习者正将注意力集中在所要学习的东西上。教学时机的概念是由罗伯特·哈维格斯特在他1952年的著作《人类发展与教育》中推广普及的，彼时的他是芝加哥大学教育学系教员。哈维格斯特用这个词形容儿童已经在发展上准备好学习一个特定的概念。但如今，它更多地被用于形容儿童对一个话题具有高度的兴趣（我也是这样用的），而这使得孩子能够更好地接受针对该话题的输入。[12]

孩子指着一只狗时，你说出“狗”这个词，由于这个行为是根据孩子当时的心理状态精心设计的，所以你对这个手势的反应可以高效地教会孩子如何用英语标注这个东西。这个情景假设了幼儿会用手势传递信息，并且这个假设得到了文献的有力支持。当12~16个月大的婴儿做手势时，他们的大脑中有一个特定信息。我们之所以知道这一点，是因为他们与母亲就手势的含义进行了交流。比如，一个孩子指着一堆东西说：“嗯啊。”妈妈说：“哦，你想要一颗葡萄。”于是，递给孩子一颗葡萄。这个孩子把葡萄推开，继续指着那堆东西，这表明他知道自己想要什么（肯定不是葡萄）。与之类似，30个月大的幼儿会用一系列的行为来确保实验人员正确理解他们的需求，且基本只靠手势来表达。[13]

用“狗”来回应孩子的指示行为可以促进词语学习，但只在父母理解孩子手势中的信息并给予相应回应的情况下才会成立。

有证据可以证明这一假设，成人往往会对说话者的伴语手势做出反应，经常把手势中的信息重新带入话语中。婴儿的母亲也不例外。母亲会对孩子的手势做出反应，并把她们所理解的手势含义翻译成语言，就像说“狗”的例子。关键问题在于，父母对孩子手势的翻译是否会对孩子后续的语言发展产生积极影响。[14]

为了解决这个问题，我们首先研究了母亲与10~24个月大的孩子在家中的自然互动情况。所有的孩子都在学说英语，并且每次只能说出一个词，当然，他们也做手势。我们跟踪记录下许多母子互动的视频，从中可以观察到每个孩子的发展轨迹。

首先，让我们来看在此期间学习的词语。我们观察儿童只用手势，而不用语言表示物体的情况。妈妈只对其中一部分而非全部手势做出了回应，即把它们“翻译”成了话语，比如孩子指向瓶子，妈妈会说出“瓶子”这个词。在不做翻译的情况下，她的回应是明智的，但这一行为与之前她对指向性动作的翻译相比，没有那么有效。比如，孩子指着一只蓝色的鸡，妈妈会说：“那是个蓝色的。”如果孩子要学的词是“鸡”的话，那这个回应就没有太大的帮助。问题在于，妈妈对孩子手势的翻译是否会影响到孩子最先学会的词语。确实会。几次会面之后，这个孩子学会了“瓶子”这个词，但没有学会“鸡”这个词。一般情况下，如果妈妈把孩子的手势翻译成词语，这些词可能很快就会成为孩子可以口头说出的词汇。在大多数情况下，妈妈都判断不出孩子指的是哪一个物品。但是只要孩子指向一个物体，母亲就可以对孩子是否很快学会这个物体的单词产生影响。[15]

母亲不仅会用物品标签来回应儿童的陈述性指示手势（例如说“这是一只熊”，以回应孩子指向一只熊的手势），她们还会用动作标签来回应孩子的指令性指示手势（例如说“你想让我打开那个吗？”，以回应孩子指向泡泡水瓶的手势）。当孩子 12 个月大时，根据母亲对他的陈述性指示手势的回应，就可以预测孩子 17 个月大时的名词词汇量；而母亲对孩子指令性指示手势的回应，可以预测孩子 17 个月大时的动词词汇量。对孩子的手势做出有针对性的回应，会对他们的单词学习产生积极影响。[16]

那么，学习句子和母亲对孩子的手势+话语组合的回应之间是何关系呢？在孩子做出的手势+话语组合中，有的手势增加了话语传达的信息（“打盹儿”+指着鸟），也有一些手势强调了话语传达的信息（“鸟”+指着鸟）。如果要求你来回应这些手势+话语组合，你可能会用“对，小鸟在打盹儿”去回应第一种组合，而用“对，这是一只鸟”来回应第二种组合。我们的样本中的母亲们就是这样做的，这意味着她们对“打盹儿”+指着鸟组合的回应比“鸟”+指着鸟组合的回应用到的词汇更多。并且她们用的词通常是孩子手势（指着鸟）和话语（“打盹儿”）信息的组合：“这只鸟在打盹儿。”[17]

这些翻译会影响孩子造出自己的第一个双词句吗？答案是肯

定的。我们计算了每个母亲通过将手势翻译成话语来回应孩子的频率。如果母亲经常翻译孩子的手势，那么她的孩子就会先造出双词句。因此，如果你对孩子的手势做出了适当的回应，那么比起手势被忽视或被无效回应的孩子，你的孩子在语言里程碑方面的进步就会取得更大的进步。

我们已经明确论证，儿童的早期手势反映了两种不同的能力——单词学习能力和造句能力——后续的语言能力都建立在这两者之上。在发育早期能够用手势表达多种不同的含义，是儿童相应的词汇接受能力和潜力发展的标志，而表达多种不同类型的手势+话语组合，则是儿童相应的造句接受能力和潜力发展的标志。儿童做出的早期手势也因此反映了他们在学习语言的某一方面的认知潜能。但拥有一个能针对你的水平将你的手势翻译成话语的家长，能够加速你的语言进程。能够利用孩子手势所提供的教学时机的家长，在孩子的单词和句子学习中发挥着重要作用。

对儿童在非语言任务中的手势给予回应的家长，也可以促使孩子进步。你可以试着让你的孩子解一道我们之前提到过的数学等式题，比如 4 + 3 + 6 = __ + 6。你的孩子可能会把题中所有数字都加起来，在空格处填 19。当让她解释解题过程时，她说她把题中所有数字加在一起了。但同时，她用手掌挡住了题目中的两个 6。她注意到了等式两边各有一个 6，并且告诉你她通过用手而非用口注意到了。她的手势表明，这是开始讨论等号的意义（等号两边的数值总和必须相等)，以及等号两边含有相同加数意味着什么（相等的加数使你将左边不同的两个数字——4 + 3——划为一组，相加之后，在空格处填上 7）的绝佳时机。这是一个只有从孩子的手才能看到的教学时机。一定要做出回应!

实际上，即使是非常小的孩子也希望你会回应他们的手势，并且他们也希望你的回应带有一定的信息量。他们指着某件物品时，并不只是想和你分享他们的喜爱之情。他们想让你告诉他们一些关于那个物品的信息。12 个月大的婴儿在与知识渊博的人互动时，会比在与知识贫乏的人互动时更频繁地指认物品，而知识贫乏的人只会当着孩子的面给熟悉的物品起一个错误的名字。18 个月大时，幼儿对凭借指示得到的物体标签的记忆，要好于他们对凭借发声得到的物体标签的记忆。对手势的回应很有说服力。一般的经验是，你要留意孩子的手势所提供的教学时机，并尽可能地对这些手势做出回应。[18]

鼓励你的孩子做手势

孩子的手势可以告诉你他们需要听到什么。注意到这些手势并进行有针对性的输入，可以促进孩子的学习。不过，孩子的手势还可以通过另一种方式促进学习：做手势可以让孩子意识到自己的潜能。例如，用手势表达意义具有帮助儿童扩充潜在词汇量的积极作用，或者用手势+话语组合表达句子的意思，都可以帮助儿童更好地学习句子。

我们已经看到，儿童在发育早期自然做出的手势数量与几年后他们的口语词汇量相关。这是一个重大发现，因为儿童进入学校时的词汇量是好成绩的重要预测依据。当然，儿童自然做出的手势可能只是反映了他们对交流的兴趣，与他们的词汇量没有半点儿关系。但我们确实找到了有力的证据，证明儿童的手势和词汇学习间的确存在因果关系。[19]

请回忆一下第3章中的一个实验，其中伊芙·勒巴顿为一组儿童示范了指示法，并鼓励他们模仿她的指示动作。在经历了7周例行拜访之后，这些孩子在与伊芙交流时的手势数量增多了，和他们父母交流时的手势数量也增多了。而且重要的是，第8周结束时，在研究中被全程要求做手势的孩子的口语词汇量要比没有被要求做手势的孩子更多。孩子做出的指示动作越多，他们的词汇量就越大。这意味着儿童的指示手势对词汇量的增长具有重要作用。[20]

鼓励在学习说话阶段的孩子做指示动作有助于他们学习单词。这一现象催生了教孩子使用婴儿手语的趋势。这一观念认为，与用嘴学习口语单词相比，用手学习“单词”对于孩子来说更容易。然后，教会孩子使用这种肢体词汇/手语可以帮他们在单词学习之路上立足。这一套婴儿手语动作非常受欢迎：我的孙辈学会了把他们的双手放在一起，手指相碰，表示“还要”；把手放在胸前表示“求你了”。这对我非常有用，我可以了解他们在想什么，他们的想法也可以通过更简单的方式告诉我。许多婴儿都知道如何表示“还要”（见左图所示）和“求你了”（见右图所示）。[21]

婴儿手语饱受争议的一点在于，相关人员声称让你的孩子学习表示物品和动作的肢体词汇可以加速他们学习口语的进程。但遗憾的是，并没有确凿的证据可以证明这一点。伊丽莎白·柯克是一位英格兰手势研究者，她开展了一项精心设计的实验，用来测试当孩子不会说话时教他们手语会有什么影响。她把受试家庭随机分配进四组中的一组。第一组的母亲要教孩子英式手语中一些物品的手语动作；第二组的母亲要教孩子一些描述同一组物品的具象化手势；第三组的母亲要教孩子同一组物品的单词；最后一组的母亲则要像日常一样和孩子互动，没有要求她们使用特定的语言或手语。这项干预实验跟踪调查了 40 个婴儿，每组 10 个婴儿，年龄为 8~20 个月——这是一项长期实验。实验人员会回访这些母亲，并且评估她们向孩子展示这些单词的频率，也会阶段性地测试这些孩子的语言能力。

从一方面看来，结果令人失望，因为没有任何一组表现出差别。所有组别都在语言学习上保持着相同的步调。但从另一方面来看，这是一个好消息。教会孩子用手势标记物品并不会影响他们习得单词——你应该能想象这一点可能会产生怎样的影响。如果你已经学会了用手语表示一个物品，为什么还要学习单词呢？另一个好消息是，接受了手势训练的母亲最终会对孩子的非言语示意反应得更加积极，并鼓励孩子独立地做更多手势。所以还是有好处的，只是学习口语没有特定好处。[22]

不过，还记得我们之前说过的吗？让儿童为一个动作做出具象化手势可以让他们更容易记住这个动作所代表的新单词。儿童也可以把这个新学的单词拓展到作用于其他物品上的相同动作。这个实验听上去和柯克的实验相矛盾。然而，前面提到的研究是将手势学习与动作学习进行比较，而不是与在没有任何手势的情况下单纯地听单词进行比较。在没有手势的情况下听单词，可能与有手势的情况下听单词一样，都是理想的教学工具——正如柯克和她的同事所发现的那样。并且请记住，我们并不能根据儿童自然做出的具象化手势来预测他们之后的动作词汇表现，尽管根据他们自然做出的指示手势的确可以预测他们之后的物品词汇表现。在支持词汇学习方面，具象化手势和指示手势看上去并不相同。

结果便是，我们并不真正知道鼓励孩子做具象化手势或者婴儿手语能否提高他们的口语词汇量。但我们明确知道的是，这并不会损害他们习得词汇的能力，而且可能帮助你改善和孩子间的互动。我们还知道，鼓励你的孩子做指示手势确实对他们之后的词汇表现有所影响。所以，要鼓励你的孩子做手势——它没有坏处，并且在当下和将来都会对语言学习有好处。

儿童一旦掌握语言的基本技能，就可以利用手势来学习其他技能。这里我们有一个有力的证据可以证明，让孩子在数学课上做手势，有利于他们从课程中受益，并记住所学的知识。但是，要想弄清你应该教给孩子什么手势去完成特定的任务，并不容易。好消息是，你不必告诉孩子做什么手势；你只需要告诉他们去做手势。即使对于成人来说，随意做手势也比不做手势更有助于他们记住一件事。[23]

我们已经了解到，让孩子在解数学题时做手势（不告诉他们做什么手势），可以启发他们未曾通过话语或手势表达出来的想法。很多他们用手势表达出来的新想法都传递了正确的解题策略，而这些往往都发生在他们填入错误答案，并在话语中给出错误的解题策略之时。这些孩子知道如何解题，只是它们被深深地藏在了手上。只要让他们在下次解类似题目的时候动动手，他们的想法就会在手势中绽放。等到那时，再给予他们一些指点，他们就可以正确解出题目了。实际上，让他们做手势是让他们为解出数学题做准备。你可能会反驳，认为这些孩子在做手势之前就已经知道如何解答了。或许真的是这样，但做手势在让他们学会解题方面发挥的作用是明确的：未被要求做手势的孩子与做手势的孩子相比，在解题方面没有进步。[24]

做手势不仅对数学概念有效，还能帮助你理解更多抽象的概念。如前文所述，让儿童用手势解释他们对道德困境的推演，启发出了之前没有在他们话语和手势中表达出来的新想法。这些手势让他们做好准备，迎接之后的道德推演课程并从中受益。我们从文献中得知，让学习者给出解释可以强化和巩固所学的知识。可能令人受益的并不是解释本身，而是在解释的同时做出的那些手势丰富和巩固了学习过程。在任何情况下，你都不用告诉孩子该做什么手势去描述他们所面临的问题——只需要告诉他们去做手势，之后的一切都交给手势吧。[25]

你自己做手势

高收入家庭的孩子在 54 个月大时便拥有了巨大的单词量，两者间的关系可以从孩子 14 个月大时的手势得到部分解释。不过，这个现象有一个有趣的转折：孩子的手势和家庭收入间的关系可以用父母在孩子 14 个月大时做的手势来解释。这条路径从父母的早期手势开始，贯穿于早期儿童手势，直至儿童的话语表现。就其本身而言，根据父母的手势并不能预测儿童的话语表现，真正能用于预测的是父母手势与孩子手势之间的联系。一般而言，经常做手势的父母，他们的孩子也会经常做手势，而儿童手势会促成语言表现。[26]

但是，父母的手势也会产生其他作用。在非言语场景中，父母表现一个词的方式会极大影响猜测词义的难度——父母提供的有关对象的信息提示越多（包括手势在内），别人（包括儿童）就越容易猜出父母所说的词的意思。对我来说，最有趣的发现是父母用非言语提示单词含义的方式千差万别，而这种多样性也预测了孩子语言表现上的差异——根据父母在孩子 14~18 个月大时的非言语输入质量可以预测孩子三年后的口语词汇量。有趣的是，衡量父母输入质量的标准并不与家庭经济情况挂钩——高收入和低收入父母在给予孩子高质量输入方面的认知相差无几。值得注意的是，这并不适用于父母与孩子交流的多少，即父母给予孩子的输入量；家境优渥的父母和孩子的交流量，比家境较差的父母要多（或许并不令人意外，因为在打好几份工的情况下，你是很难再和孩子说很多话的）。而且，根据父母在孩子小时候与其的交谈量也能预测孩子在几年后的口语词汇量。重要的是，父母输入的质量和数量的作用是彼此独立的：两者对儿童的后续语言表现有各自的影响。[27]

父母做手势也可以为儿童学习单词创造条件。父母可以运用他们的手势将孩子的注意力集中到某个特定的事物或场景上——换言之，也就是建立共同关注。共同关注为学习单词创造了良好的环境：相比于没有共同关注的时候，儿童在具有共同关注的情况下更有可能记住父母输入的单词。你的孩子指着一只狗，你用“狗”进行回应，此时你的注意力便集中在孩子感兴趣的事物上，这似乎就是把指示手势“翻译”成话语有助于学习单词的原因之一。[28]

除了影响孩子的口语词汇量，你和孩子一同做的手势还有很多作用——它们也会影响词汇的性质。当用表示形状的手势或动作手势表述物品名词时，孩子会学得更透彻。比如，一个孩子听到了一个无意义的单词“pam”，同时看到一个手势，表现出橡皮泥刀在黏土上切割出的形状。或者是孩子听到这个词，同时看到一个表现刀切橡皮泥的默剧手势。与只听到单词而没有看到手势的儿童相比，看到这两种手势的儿童在试图回忆单词时所需的提醒更少。输入时的手势深化了他们对单词的学习。[29]

儿童看到的手势也可以影响他们对词义的理解。这里用一个例子来说明。你把毛毡片放在黑板上组成一个云朵形状。接着，你说出一个生词并做以下两个手势中的一个。一个手势强调了放置毛毡的行为：它展现的是你组成云朵时竖直的手部动作。另一个手势强调的是放置毛毡的成果：它展现的是云朵的形状。孩子们看到的手势将会影响他们所认为的词义。如果他们看到的是行为手势，他们会认为这个词是指放置毛毡的方式，并且会把它引申到描述用相同放置动作摆出不同形状的新场景。如果他们看到的是成果手势，他们会认为这个词是指毛毡组成的云朵形状，并且会把它引申到用不同放置动作摆出相同形状的新场景。你向孩子描述新事件时所使用的手势类型，会影响孩子对事件的看法。这些针对手势如何影响词义的研究并不是和家长居家完成的，而是在实验室进行的。但是，我们没有理由认为这些发现不适用于你和你的孩子。要明智地使用你的手势来引导孩子对物体和事件的理解。[30]

你的手势也可能会影响孩子的态度。假如你告诉自己的孩子，男孩和女孩都一样擅长数学。但当你说到男孩的数学水平时，把手放在了眼睛的高度，而说到女孩的数学水平时，手则落到了下巴附近，甚至更低。你的孩子听到的和看到的有出入，而且手势的力量往往非常强大。我们目前正在研究这些不易察觉的手势对儿童的态度的影响。我认为，无论你是否愿意，孩子都会从你的举手投足中捕捉到你的态度。

最重要的是，当与孩子进行交谈时，你应该做手势，并且留意所做的手势。梅雷迪思 · 罗是我实验室之前的一位博士后，她做了许多强调自然手势重要性的研究，并且将实验开发成一个名为“指向成功”的项目，指出父母教授手势的重要性。这个简明的培训项目着重强调一个事实：儿童的语言发展是可塑的，而且父母可以在发展过程中发挥重要作用。项目包括一个 5 分钟的视频，视频凸显了指示手势的重要性，展示了亲子游戏中的指示例子，并且强调父母可以通过指示以及鼓励孩子指示，来助力孩子的语言成长。[31]

这项干预实验仍在测试阶段，但首次测试结果表明，10 月龄的婴儿的父母指示手势有所增加。儿童的指示手势次数也得到了提升。有趣的是，在干预前认为儿童的语言发展并不具有可塑性的家庭，其父母和孩子的语言发展效果更强。这些家庭不仅了解了父母在孩子语言发展中的重要性，还学会了通过大量运用指示手势发挥其重要性。对这些家庭来说，孩子不仅增加了指示手势，更扩大了口语词汇量。这对父母来说是非常重要的信息，他们也充分利用了这些信息。

总结一下本章内容。作为父母，你可以通过 4 种简单的方式使用手势，影响孩子的语言发展和其他技能的掌握。首先，观察你的孩子会用手做什么——这双手可能掌握着他们思维的秘密，而他们自己可能都不知道。其次，回应孩子的手势，你可以从手势中提取所蕴含的信息。如果可以，你会将它翻译成话语；如果不可以，也要以其他具有针对性的方式进行回应。再次，鼓励你的孩子去做手势。让孩子做手势可以揭示他们未说出口的想法，这具有两个重要作用：让你清楚地知道这些未说出口的想法，并且刺激他们的学习进程。最后，你自己也要在和孩子互动时做手势。用你的手势补充你的话语，如果可以，你想一想你的手在告诉孩子什么信息。你一定希望自己的双手传递的正是你希望孩子接收的信息。

第 7 章

用手诊疗

对于所有年龄段来说，手势都是评估和治疗身心疾病的宝贵工具。举例说明，让我们来看一个伊芙·索尔（后来改姓为伊芙·勒巴顿）的研究，正如前文所述，她的开创性工作表明，鼓励孩子做手势对他们的词汇量有积极影响。伊芙对比了两组出生就患有脑损伤的婴儿。在 18 个月大时，两组婴儿都在语言表达方面发育迟滞，但他们的手势表达却有所差异。一组婴儿的手势数量和正常的 18 月龄婴儿一样多，在手势方面没有展现出发育迟滞。而另一组儿童的手势则更少且有所迟滞。一年之后，我们发现两组婴幼儿的手势依然存在差异。但现在，他们的语言也产生了区别：18 个月时手势正常的婴幼，如今看起来在语言方面也和正常发育的孩子相像；30 个月大时，他们已经不存在发育迟滞了。另一组儿童在语言方面的差距还没有追上来，语言依然处于迟滞状态。这一结果十分重要，因为身为临床医师，你可以借助早期手势，诊断出谁之后有可能经历语言迟滞，而谁不会出现这类问题——你可以在情况更加棘手之前就进行干预。[1]

先天或后天脑损伤的儿童在语言发育方面展现出了惊人的可塑性和恢复能力，成人则不同，即使他们的脑损伤与儿童相当，他们通常也表现出持续的语言障碍。但在早期局灶性脑损伤的儿童中也存在差异，他们通常会经历一段漫长的语言迟滞期。这种迟滞对一些孩子来说可以解决，但对另一些孩子却不行。不过，有一个振奋人心的消息是，手势可以帮我们甄别谁的迟滞可以得到解决。我们的目标应该是，在儿童的语言学习轨迹最具可塑性的时期，为他们提供干预。[2]

观察语言发育迟滞儿童的手势

我们需要观察语言发育迟滞儿童的双手做了什么。我们的问题是，在不同的病症中，手势是否足够典型到能够作为某一种特定病症的诊断提示，至少能为后续的语言问题做出警示。

孤独症是一种神经发育障碍，典型表现为社交和交流中的缺陷，同时伴有刻板重复的行为和兴趣爱好。但缺乏指示手势也是孤独症的诊断提示之一，并且属于这种病症的典型表现。缺乏指示手势，并且很少用手势引起共同关注也属于孤独症诊断观察表的一部分，而这个诊断观察表则是评估孤独症的黄金标准。指示手势是一种敏锐又实用的标志，因为它的缺席在语言发育迟滞凸显出来之前就可以被察觉。当和其他行为一同出现时，早期指示手势的缺失可以作为儿童可能患有孤独症的早期标志，这十分具有现实意义，因为许多儿童直到进入学校才被诊断出患有孤独症。[3]

为了明确指示手势作为孤独症标记的信号意义，研究人员回顾分析了后来被诊断患有孤独症的儿童的家庭视频。鉴于几乎每个家庭都会记录下孩子的第一个生日，一项巧妙的研究将 11 名后来被确诊孤独症的孩子与 11 名发育正常的孩子的一岁生日录像进行了对比。与发育正常的孩子相比，后来被确诊孤独症的孩子整体手势数量更少，几乎不做指示手势。实际上，与发育正常的孩子相比，这些孩子不会使用许多社交手势（比如用摇头表示“不”，用挥手表示物品“很大”），不会用手势建立共同关注，也很少对某一物品发表评论。[4]

另一种方法是研究孤独症患儿的兄弟姐妹。孤独症患儿的弟弟妹妹患孤独症的概率，比兄弟姐妹都正常的孩子高出两三百倍。研究取得了许多令人震惊的结果。首先，在 18 个月大之前，手势比语言理解或语言表达对未来的孤独症诊断更具备参考价值。其次，被确诊为孤独症的兄弟姐妹的手势+话语组合的数量不会与日俱增。其他所有组别——未被确诊为孤独症但存在语言迟滞的兄弟姐妹，未被确诊为孤独症且不存在语言迟滞的兄弟姐妹，以及和孤独症无任何联系的儿童——组合数量都在 12 个月大时开始增长。只有后来被诊断为孤独症的儿童的组合数量没有增长。[5]

通常，孤独症很难被诊断出来。手势则可以为诊断增加一种标志行为。相比之下，唐氏综合征和威廉姆斯综合征则是由已知的基因异常导致的，所以更容易被诊断出来，且这两种综合征都有明显（且不同）的面部表征，所以想要认出唐氏综合征和威廉姆斯综合征的儿童也比较容易。我们并不需要借助手势去诊断，但患有这两种病症的患者都出现语言方面的困难，而他们使用手势的方式或许不同。如果真的如此，我们可以利用手势提升他们的语言技能。

唐氏综合征儿童往往表达能力不如认知能力发达，或许他们可以用手势来弥补这些不足。虽然基于自然交流的研究并没有发现唐氏综合征儿童的手势优势，但基于实验室的调查发现确实如此。在被要求填写一项有关孩子手势的调查时，唐氏综合征儿童的家长所反映的孩子的手势储备要比正常孩子家长反映的更丰富。针对年龄稍大（3~8 岁）的唐氏综合征儿童的实验室研究也发现了手势的助推作用——当手势被计算在内时，他们在指认图片任务上的表现（用锤击的动作回应锤子的图片）会大幅提高，尽管与发育正常的儿童相比要低一些。唐氏综合征儿童用手势传递他们没有（也可能是不能）用语言表达出来的正确信息。手势告诉我们，他们理解图片含义的能力要强于他们将词语与图片相联系的能力。忽略手势而只使用语言与唐氏综合征儿童接触，可能会严重低估他们所知晓的东西。[6]

威廉姆斯综合征儿童的视觉–空间处理能力匮乏，但面部识别能力相对完好。虽然曾经一度认为这些孩子不会使用语言，但现在，研究人员认为他们确实有语言缺陷。威廉姆斯综合征儿童拥有丰富的词汇，并且能在日常对话交流中表达流利，却在需要他们快速指认图片的实验室任务中表现不佳。他们做出的正确和错误回答的数量，以及错误类型都与正常儿童相当；他们对于单词含义的表现也并无缺陷。但是，他们指认图片所需的时间是正常儿童的两倍。他们会在绕弯子时做手势（就像正常儿童一样），但他们在给出正确答案时也会做手势（正常儿童不会这样做）。威廉姆斯综合征儿童会在并不需要的时候做手势，或许是因为手势对他们来说是一种重要的工具，也或许是因为他们真的不知道什么时候需要手势。总的来说，将手势划入病症语言体系评估是一个不错的主意；它为我们了解这类儿童的技能打开了一扇独一无二的窗口。[7]

我们一直在研究患有已知生理问题的孩子。但还有一些孩子，他们没有明显的生理问题，却依然有语言方面的困难。具有特定语言缺陷的儿童并没有明确的智力缺陷，但也不具备他们年纪本该有用的语言技能。这些孩子能更好地理解伴语手势，他们自己也做手势，且手势往往传递的是话语中未出现的信息。有语言障碍的学龄前儿童比正常发育的儿童做出的手势更多。实际上，一个孩子语言越匮乏，所做的手势就越重要。对于年龄稍长的拥有特定语言缺陷的儿童来说，手势也可以弥补他们匮乏的口语表达。当让他们完成守恒实验时，这些年龄稍长的儿童的手势就不再像正常儿童那么丰富了，但他们在解释中也只表达手势中出现的信息。比如，在解决容积守恒任务时，一个有特定语言缺陷的孩子用话语表述容器的高度（“它更高”），用手势表述它的宽度（用双手表示容器的宽度）。你需要同时考虑容器的这两个维度，才能理解一个又高又细的玻璃杯和一个又矮又粗的玻璃杯中的水一样多。当我们同时关注手势和话语而非只关注话语时，我们会发现有特定语言缺陷的儿童展现了超出同龄人的知识。[8]

还有语迟儿童、语言表达迟滞但听力未受损的幼儿、精神障碍、行为障碍或任何其他已知形式的神经性障碍。语迟儿童的定义为两岁时词汇量低于 50，或者不会使用双词句的儿童。正如本章开篇提到的勒巴顿对脑损伤儿童的研究所示，对于一部分孩子来说，这种迟滞是暂时的，他们在三岁左右就可以赶上同龄人。但对另一部分孩子来说，早期的迟滞会一直延续下去，并且可能会成为持续性语言缺陷的首要信号。手势能够帮助我们分辨出没有脑损伤的那组中，每个孩子的情况吗？答案是肯定的。我们给语迟儿童两个包括与物品有关的 手势任务：模仿一个成人表演与物体有关的单个动作（假装拿起杯子喝水，或者投玩具飞机），或一系列动作（在高脚椅上放一个玩具熊，给它戴上围嘴，喂它吃一个苹果，然后给它擦嘴）。一年之后，在这项任务和另一项词义理解任务中表现出色的孩子赶上了同龄人；他们便是“晚熟者”。而表现不好的孩子则处于迟滞状态。无论在实验室测试还是自然状态下，晚熟者和真正的迟滞儿童的手势使用方式都不尽相同。最终被定义为晚熟者的语迟儿童比真正的迟滞儿童的手势更多。[9]

我们在本书的第一部分了解到，伴语手势可以告诉我们说话者潜在的思考过程。那么，手势可以为有语言障碍的儿童提供有关挑战和力量的特有信息，也就不足为奇了。重点在于，这些伴随非常规语言的手势，在本质上与伴随常规语言的手势没有区别。换言之，伴随常规语言的手势并不能形成一套可以替代话语的体系。这些手势和具备正常语言能力的人使用的手势相似，虽然有语言障碍的说话者可能会更常使用手势，以此弥补他们的语言障碍。

回应语言发育迟滞儿童的手势

发育正常的儿童的父母会把孩子的手势翻译成话语，并以此作为回应。那么，语言迟滞或有语言障碍的儿童的父母也会这么做吗？他们确实会这么做，而且与正常儿童的父母频率相同。[10]

唐氏综合征儿童的父母会翻译孩子的手势，这些手势往往传递了话语没有传达的独特信息（孩子会指着球，但不会说“球”这个词）。换言之，当孩子表现出有兴趣听的时候，他们就会给孩子提供他们需要听到的词——抓住教学时机。当孩子 22 个月大时，这些父母和正常儿童的父母进行手势翻译的频率是相同的。但到了 63 个月时，正常儿童的父母就会开始减少翻译，而唐氏综合征儿童的父母则依然按照这一频率进行翻译。可能正常儿童的父母的手势回应的减少是由于孩子词汇量的增加，且词汇量要比 63 个月时的唐氏综合征儿童大得多。

孤独症儿童的父母也会把孩子的手势（可能是在无意中）翻译成话语，且频率与正常儿童和唐氏综合征儿童的父母相同。赛依达·厄兹萨利斯坎之前是我实验室的一名博士后，主要研究发育正常的儿童和患有发育障碍的儿童的手势，她主导的一项实验阐述了上述论点。这些儿童是根据语言表达能力配对的，所以他们的年龄并不相同。正常儿童是 18 个月大，而唐氏综合征儿童和孤独症儿童的平均年龄是 30 个月。这三组儿童的父母几乎对孩子的所有手势都做出了话语回应，而这些手势表示的都是话语中没有提到的物体。大部分回应都是对孩子手势的翻译。重要的是，这些手势对孩子后续学习词汇起到了积极作用。在每一组实验中，被翻译的手势对应的单词进入儿童词汇的概率，要比未被翻译的手势对应的单词更大。举个例子，一个孩子指着一顶帽子，母亲回应说："这是一顶帽子。"但当孩子指向一个球时，母亲要么不作回应，要么说："这是五颜六色的。"这个孩子在学会说"球"这个词之前，先学会说"帽子"。每一组实验都是这样。但总体而言，唐氏综合征儿童学会词汇的概率要低于其他两组；一般来说，即使在最佳环境下，他们也不太擅长学习单词。

亚娜·艾弗森是我之前的那位研究生，是她最早开展了对盲童手势的研究工作。她和她的学生研究了父母对孤独症儿童的兄弟姐妹的手势翻译，以及和孤独症毫无关系的儿童父母的手势翻译。她发现两组父母把孩子手势翻译成话语的比例一样高。两组父母都更有可能翻译孩子的指示或展示手势（指着一个瓶子，或者拿着瓶子让母亲看），而不是孩子的给予或索要手势（伸手递给家长一个瓶子，或者伸手要一个瓶子）。尽管两组父母的翻译并无差异，但孩子诱发这些回应的手势迥然不同。与孤独症毫无关系的孩子做出的指示/展示手势要多于给予/索要手势。而有兄弟姐妹是孤独症儿童的孩子则正相反。结果便是，这一组孩子接收到的翻译要少于与孤独症毫无关系的孩子，因为他们的父母将手势翻译成话语的类型更少。换言之，他们给予自己的父母为他们量身定制语言输入的机会更少。

给患有发育障碍的儿童的父母一个建议：把你的孩子的手势翻译成话语——不仅是指示手势，而是所有手势——多多益善。

鼓励语言发育迟滞的孩子做手势

婴儿手语非常受发育正常孩子的家长欢迎。尽管没有证据表明，教孩子用手语表示常用的物品、行为和指令可以增加正常孩子的词汇量，但它对亲子互动有百利而无一害。

有人已经在教唐氏综合征儿童婴儿手语了。鼓励这些孩子学习婴儿手语会有什么效果呢？首先要注意的是，唐氏综合征儿童能够学会婴儿手语，这不是理所当然的。平均为 27 月龄的唐氏综合征儿童参加了一个婴儿手语辅导班。3 个月后，大部分孩子在手势词汇测试取得了进步，有些甚至还提高了对口语词汇和句子的理解。[11]

另一组平均 30 月龄的唐氏综合征儿童也学习了婴儿手语，并在实验室的半自然观察实验中和父母一同使用这些手语。他们在这次实验中所做的婴儿手语的数量预测了他们自己在一年后的口语词汇量。实际上，婴儿手语的预测效果要比儿童的自然手势更为准确。

鼓励唐氏综合征儿童学习和使用婴儿手语，会对他们的语言有所裨益。我们尚不清楚鼓励患有其他发育障碍的儿童做手势会产生什么影响，但我们认为鼓励他们做手势不会产生负面影响，反而还有可能产生积极影响。即使鼓励具有语言障碍的孩子做手势并不能改善他们长大后的口语能力，但它也可以让孩子与他人的互动变得更简单、更轻松。到目前为止，百利而无一害。

对语言发育迟滞的儿童做手势

父母会对孩子做手势，患有发育障碍的儿童的父母也不例外。实际上，在一项针对发育正常、唐氏综合征和孤独症儿童的研究中，赛依达·厄兹萨利斯坎及其同事发现，这三组儿童的父母做出的手势数量相同，同时手势+话语组合的数量也相同。相比之下，发育正常的儿童的手势数量和手势+话语组合数量要多于另外两组儿童。三组儿童的手势的差别并不是由家长造成的。但或许我们应该鼓励唐氏综合征儿童和孤独症儿童的父母多做手势，比正常儿童的父母做得还要多。可能这种情况的儿童需要更多的手势输入，以提高他们自己做手势的概率。[12]

父母可能也需要留意他们所做的手势的类型。亚娜·艾弗森及其同事发现，唐氏综合征儿童的母亲所做的展示手势要多于指示手势（拿着一个瓶子吸引注意力，而不是指着一个瓶子），而正常儿童的母亲则恰恰相反。或许，唐氏综合征儿童的母亲需要根据孩子的发育状况调整自己的手势。这并非一个好主意。相比于拿着一个物品，指示更加“疏离”。母亲从展示手势逐渐过渡到指示手势，或许会帮助唐氏综合征儿童对指示手势做出回应，并帮他们更多地使用指示手势而不是展示手势。[13]

心理诊疗中的手势

手势并不是儿童专属的，也不仅限于诊断发育障碍。正如我们所见，成人的双手可以揭露他们隐藏的想法（往往不为自己所知）。一个机灵的倾听者可以窥探到说话者没有说出口或者不愿说出口的内容。我一直认为，留意手势的临床医师可以了解病人的重要信息，从而可以以此推动诊疗。当然，这是双向的：医师也可以在无意中向病人传递信息，这也有利于诊疗的推进或者阻碍诊疗推进，毕竟这些信息是偶然的，可能并没有经过深思熟虑。

当还是研究生的莎拉·布罗德斯加入我的实验室时，她想研究的是成人和儿童在医疗情景（比如心理诊疗）或法律情景（比如询问证人）中传递的隐晦信息。她希望分析自然情况下产生的手势和话语，看看是否有什么没说出口却用手势表达出来的话。但出于隐私问题，当时（可能现在依然如此）想要接触到心理诊疗或询问证人的场景是不可能的。所以，退而求其次：她设计了一个事件，安排了一群孩子围观，并用影像记录下来，这样她就能确切地知道发生了什么，接着她逐个采访孩子，询问他们看到了什么。她安排的事件是这样的：一位音乐家来到教室演奏了一些乐器，并且做了一些笨拙的事情。随后，她问了孩子一个开放性问题（“他还做了什么？”，询问的同时做出吹笛子的手势），以及一个定向性问题（“他哪里受伤了？”，同时拍一下自己的臀部）。[14]

孩子在口头报告中采纳了采访者手势中的独有信息，哪怕这些信息是误导性质的。重要的是，手势的误导效应持续波及了之后的采访，由此对儿童产生了长期影响。一直以来，我们都知道误导性的口语信息会对儿童的证词产生持续性影响。但这项研究表明，误导性手势也可以对儿童报告的准确性产生长期影响。除此之外，儿童做出的手势往往还会反映他们知道，但没有明说的事情：儿童手势所表达的细节，有80%从未说出口。[15]

当然，这只是一个实验。或许在不那么剧本化的情境下，采访者和受访者都会做手势。为了一探究竟，我们设计了一个半自然状态的场景来处理这个问题。我们让本科生两两组合，进行模拟法庭质询。每组成员中的一个参与者被随机任命为询问人，另一个参与者则是证人。证人会观看儿童实验中的视频，也就是音乐家来到教室里的那段录像。在证人观看视频的同时，询问人正在接受关于开展调查方面的指导。我们告诉询问人，应将询问视为出于法律目的的调查性访谈，并尽可能多地从证人口中了解事件，同时避免提出引导性问题。我们并未就使用或避免使用手势做出明确要求。

所有证人和除一人以外的所有询问人做出的手势，都与莎拉在研究中植入的手势一样。而且说话者的手势经常会传递语言中根本没有的信息。但这些手势的确是对话的一部分。搭档之间不仅会模仿彼此的手势，还会从对方的手势中提取特有的信息，或通过话语表达出来，或将其融入自己的手势。被蒙在鼓里的询问人和证人都做出了莎拉在研究中的手势，这说明这种类型的手势，以及普遍意义上的手势，是调查性访谈中的强有力的组成部分。

这些实验能告诉我们关于临床心理诊疗的信息吗？我认为能。不难想象，不承认自己有某些想法的病人，却会在自己手中泄露出这些想法。比如，一个病人声称自己和伴侣关系紧密；与此同时，她双手十指相扣，却又突然分开。她的话在告诉心理医师一切安好，但她的手却表现出了另一种情况。关注并理解病人手势的心理医师便可以捕捉到这一信息。之后，医师就可以对这些手势进行回应，进一步询问她和伴侣的关系，并可以决定是否明确指出病人的手势。作为临床医生，你可以通过观察和回应病人的手势来影响他们的下一步治疗。

我给为人父母者的第三条建议——也就是让孩子多做手势——可能并不适用于医师和病人。但让病人做手势可能是一个好主意，而且只需要自己做手势，你就可以不动声色地达到这一目的。手势会启发手势，于是诊疗过程中就会出现更多的手势，病人展现被隐藏的想法的可能性就越高。但你确实需要管好自己的手势，特别是当你对病人的经历有一些先入为主的看法时。即使采访者试图进行非指向性采访时，这些先入为主的看法也往往会溜进来。一个认为罪犯戴着围巾的讯问人可能会问一个不具有指向性的开放性问题（“他还穿着什么？”），但同时做出一个有指向性的“围巾”手势（戴围巾的动作），现在我们知道人们能够理解手势的意义，有可能会被误导。这种情况对心理医师来说可能也一样。在心理诊疗过程中，手势是能够（在无意中）传达和强化这些先入为主的看法的一种途径。[16]

总体而言，手势为临床医生提供了另一种获得信息的来源，获得关于病人想法的数据。但非言语行为通常并非问诊的重点，即使是重点，也一般被用来评估病人的感受——作为深入了解他们情感的路径。在精神病学中，医师应当不只关注病人说了什么，还要注意他们回答问题的方式。我们也建议医师承认这是一个双向活动——他们自己的非言语行为可能会促进或妨碍医患间的互动。但是，重点始终在于非言语行为告诉我们医患间有着怎样的关系，而不是来访者对自己的问题和生活的看法。从本书的开头我就一直在论述，手势是通向思想和情感的窗口。考察来访者在治疗过程中的手势所流露出的想法，将会是一个大有可为且前途光明的研究领域。另一个迫在眉睫的问题是，在如今问诊中通信设备的使用不断增多的背景下，手势交流在远程诊疗中是否依然有效？如果不再有效，我们应该如何改善诊疗过程？至少我们要能看见彼此，并且可以在彼此的手势中相互促进。或许FaceTime和Zoom视频通话软件的对话框需要扩大一些，这样才能容得下我们的手势。[17]

第 8 章

用手教学

注意你学生的手势

现在应该很明显了，我要送给老师们的第一条建议是：注意你学生的双手会做什么。儿童和成人学习者做出的手势都会流露出他们的真实想法，可以让你了解他们有哪些突破性的想法——他们对某一问题的最新思考方法。如果学习者手势中传达的信息和他们的话语信息不一致，这种错位会告诉你，你的学生已经准备好进入问题的下一阶段了。手势是一种实用的信号。所以，为什么不多多注意它呢？

大多数有关手势和学习的研究都是在一对一辅导下进行的，往往是（但也不总是）实验人员作为老师教一节课。但通常来说，学习是在课堂上进行的。那么，我们在辅导中获得的手势知识也适用于课堂吗?

老师的确会注意到课堂上的手势。比如,下面这段科学课上的交流。当路灯(用教室里挂在梯子上的灯泡模拟)投射到一排20厘米长的棍子上时,老师提问棍子离梯子越远,影子会变长、变短还是保持不变?学生马利克答道:“我认为长棍子的影子会更长,短棍子的影子则会……”与此同时,他指向了距离梯子最远的棍子。要注意,学生的口头回答并不成立,因为所有的棍子都一样长。但老师并没有指出这一点,而是复述了马利克的观点:“所以,距离灯泡近的棍子的影子会更短,而离得远的棍子的影子会更长。”老师的重点在于与灯的距离,却沿用了马利克指向远处棍子的手势。在这个例子中,我们知道老师充分利用了学生的手势,但我们并不能判断老师是否有意利用马利克的手势来影响他的想法。[1]

有时候,老师不仅会对学生的手势做出回应,甚至还会让学生阐明自己的手势。比如,克丽丝特尔正在上一节有关季节的课,感觉很吃力。她说:“它转了。”这就让老师很难确定“它”指的是什么——是地球还是太阳?“转”是指旋转还是环绕?但是,克丽丝特尔的手势清楚地表明,她指的是地球自转。这位老师的下一步就是让克丽丝特尔解释清楚自己的手势。克丽丝特尔把她的手势翻译成了话语,并讲述地球自转,澄清了她初次陈述中指代不明的部分。一开始,克丽丝特尔就在一定程度上理解了这一概念，但无法用语言表述出来。在老师的督促下，克丽丝特尔的思路变得更加清晰，她进一步掌握了地球围绕太阳的公转和地球自转产生的黑夜和白昼之间的区别。[2]

当然，老师并不总能注意到学生的手势那独一无二的贡献。尽管手势的信息才是讨论的关键，在学生解释时手势丰富但语言匮乏的情况下，老师通常会采纳语言而忽视手势。但是，只出现在手势中的评述往往才是学生对任务的理解核心。如果这些评述没有被老师发现，它们对学生来说也大概会被忽略，随后便是淹没在小组讨论中。这也正是为什么说老师对学生手势的留意如此重要的原因。

那么，我们该如何帮助教师成为手势阅读者呢？斯宾塞·凯利之前是我的学生，后来成了国际手势研究学会的主席，他主持了一项研究来寻找答案。我们对成人进行培训，教他们如何阅读儿童在一次守恒实验中的手势，随后测试他们提取手势中独特信息的能力。为了评估我们对成人处理手势能力的培训效果，我们在辅导之前对他们进行了一次手势阅读测试，然后再进行培训，最后在培训结束后再进行测试。手势阅读测试要求他们检查他们认为孩子理解问题任务的各个方面，却没有提及孩子表达想法的具体方式。[3]

然后，重点来了：我们给成人的培训程度不同。一组没有任何指导，第二组只有一个提示："不要只关注视频中的孩子说了什么，还要留意他们的双手表达了什么。”

第三组成人观看了一个 5 分钟的培训视频，指导他们如何理解手势。这段视频强调了手势的三个组成部分——手的形状、动作和位置——并且按照三个新情景给每个部分各举一个例子。比如，视频中的人用话语描述了一个物品的大小——“它真的很大”——并用手势描绘出它的形状，两只手比画出一个圆圈。这个例子旨在强调手势可以传递信息。例子都是从守恒实验之外的任务中筛选的，所以成人只能学习理解手势的一般原则，用于完成新任务。

第四组成人也观看了一段讲解手势的三个组成部分视频，只是这段 5 分钟的视频展示的是守恒情况，指导视频重点关注的三个守恒实验例子，成人已经在测试前看过一遍，并在测试后还会再看一遍。让我们以容积守恒实验为例。儿童认为高细杯子中的水和矮宽盘子中的水不是一样多的，视频中的人演示了当解释这一错误观念时，儿童是如何时不时表现出多种信息的。实验人员解释道，儿童有时认为两个容器中水量不一样的理由是：“一个容器矮，而另一个容器高”，但是，在盘子附近做出一个宽距C形手势，又在杯子附近做出一个窄距C形手势。通过孩子的回答，我们知道孩子在比较容器的高度，但是手势却聚焦于宽度。这个孩子的手势就以此种方式表达了话语中并不存在的信息。

好消息是，成人在接受手势辅导之后能比之前更好地理解孩子的手势；而没有接受辅导的那一组则没有任何变化。成人接受的辅导类型重要吗？在守恒手势方面得到具体指导的小组，比接受指导之前从手势中提取的信息多50%。但只得到了笼统指导的组，只能比之前多提取30%。所有的成人都可以将获得的指导扩展应用于辅导中没见过的新手势。而且在阅读手势方面的长进，并没有损害成人从话语中提取信息的能力——他们在辅导前后都能很好地识别儿童对守恒的口语解释。

这项研究非常鼓舞人心。仅仅是提示成人注意学习者手中的信息，就足以让他们成为更好的手势阅读者。而成为更好的手势阅读者意味着你可以窥得学习者手中的信息。我们需要打磨理解手势的自然能力，我们需要让所有老师都意识到这一点。

但我们还是没有解决课堂的问题。老师不可能注意到教室中每个学生的手势，就像他们不可能注意到学生说的所有话。但你必须看着手势才能理解它，而你不需要看着说话者就能理解他们的话。所以，我们要好好想想搭建一个怎样的情景，可以让老师看到学生的手。

如果学生坐在座位上，老师可以单独走到学生身边，让他们解释自己在做什么，并在解释过程中观察他们的手势。老师只是需要找好自己站立的位置，以便能看到学生的手势。

老师也可以请学生上前到黑板上解题，请他们解释自己的答案很有可能会引发手势。这种情形也可以让老师有机会明确地谈论学生的手势，尤其是那些表达了不存在于学生话语信息中的手势。例如，一个六年级的学生回答一个板块运动如何引发地震的问题。凯丽说道："当不同板块向同一方向移动时……"可她的手势指的是垂直方向、水平方向还是环形移动呢？她的手做了澄清：两只手平摊，手掌向下，相向移动；当指尖相碰时，手掌上下移动，形成一个山的形状。她的手告诉老师和所有同学，她是在说两个板块间的收缩、碰撞和隆起，精准描述了纵弯褶皱作用。鼓励学生解释自己的想法有助于他们的学习。请他们到黑板前进行解释，就可以使所有人看到他们的手势，也有助于所有人学习。[4]

老师也可以将学生进行分组，这样他们既可以充当老师，也可以作为学生。凯丽做出了纵弯褶皱的手势，但并没有在口语中提及。接下来的几轮提问中，班级里的另外两位学生艾丽安娜和里奥用话语解释了纵弯褶皱作用。凯丽答道："我说的就是这个。"其他学生也一致认为凯丽才是第一个介绍纵弯褶皱作用的人，尽管她是通过双手阐述的。这次交流是多种模式共建的一个实例，手势在其中发挥了关键作用。只存在于手势中的信息被提取出来，进入口头表达，被所有人讨论，起到了加深学生对纵弯褶皱作用的共同理解的效果。手势提供了话语之外的第二种介质，学生可以用它来让老师和同学知晓自己一些不成熟的想法，并且为协商和探讨这些想法提供了空间。

回应你学生的手势

你应该已经看出我要写什么了：回应你学生的手势。如果他们的双手表达出的信息是错误的，你便可以进行纠正。如果表达的信息是正确的，你便可以进行巩固。为了让儿童获得的指导变得可控，我们在实验室中对不同组别的儿童系统地进行了不同的指导。值得注意的是，这些指导并不是根据每个孩子的行为而设定的。通过这种方式，我们可以确保同一个组内的孩子得到的输入相同。但老师可能会根据所教孩子的情况调整他们的指导。为了了解他们是否会这样做，以及是否会明确地回应儿童的手势，我们让这些老师分别进入实验室，让他们查看一个 9~10 岁的孩子在数学等式测验中的答案，接着让他们将数学等式的内容教给孩子。这样一来，老师便可以在上课前对孩子的数学等式理解情况有所了解。老师可以在黑板上用任何自己想用的方式教孩子。最后，这个孩子会再接受一次数学等式测验。

我们感兴趣的是，这个孩子在多大程度上做好了学习这个数学概念的准备，以及老师能否识别出他已经准备好了。我们根据孩子的手势–话语错位进行分组：有些孩子在辅导中展现出了错位，有些则没有。那么，老师注意到这些差异了吗？如果注意到了，他们可能会对那些手势表明已经做好准备学习数学等式的儿童进行不同的教学。[5]

我们计算了每位教师在教两组儿童时使用的解题策略的数量。在测量过程中，我们可以感受到教师课程的多样化，了解到这种多样性是否对手势不同的孩子有不同的作用。答案是肯定的。相较于辅导没有表现出错位的孩子，当所教的孩子在辅导过程中表现出错位时，老师自发做出的手势的种类会更为丰富。值得注意的是，老师在教两组儿童时使用的策略总数是相同的，只是种类有所差异。

有时，老师也会在指导过程中出现手势-话语错位，这也是多样性的指标之一。一般情况下，两种策略都是正确的，但互不相同——比如，在手势中使用"分组策略"（把未在等式两边都出现的数字归为一组），在话语中配合"平衡策略"（把等号两边都加到同一个和）。比起教授没有产生错位的儿童，在教产生错位的儿童时，老师会出现更多的错位。但是，他们并不是在重复学生的错位。老师的错位中很少出现错误的策略，而孩子的错位中则至少会出现一种——通常是两种——错误的策略。

我们知道，老师是在回应儿童的手势-话语错位，而非他们的其他特质。这两组的许多其他量值都一模一样——无论正确与否，他们解题策略的数量和比例都相同，只有错位数量不同。老师并不只对错位的出现敏感，还对出现的频率敏感：一个孩子在教学期间出现的错位越多，老师的解题策略和错位也就越多。

为了让你们感受一下老师是如何回应孩子的错位的，我们来看下面这个例子。在解 7 + 6 + 5 = __ + 5 这道题时，一个孩子把题目中的所有数字加在一起，在空格处填了23。老师让他解释自己错误的解题过程，于是他表现出了以下错位：

> 孩子的话语：我用13加10，等于23。（把所有数字相加的策略，错误）
>
> 孩子的手势：把手放在7和6下面，指着空格，再指着7和6。（分组策略，正确）

作为对孩子错位的回应，老师用手捂住7和6，说道："我把它们挡住。现在，你看两边还有什么？ 5和5，对不对？"老师忽略了孩子的错误解答和口头解释，把重点放在孩子的手势上，并以此为基础进行进一步指导。她捂住了孩子的手势所指的两个数字（只要将这两个数字相加就可以得出正确答案），促使孩子注意到等式两边各有一个数字5。孩子在错位中做出的手势可以让老师了解到他们在想什么——老师注意到了这些手势，并且给予了相应的回应，将错位变成了教学时机。

现在，我们知道老师会自发回应学生的手势，即使他们可能没有意识到自己的回应对象其实是错位。他们可以评述仅出现在手势中的信息，将其作为绝对焦点。甚至，他们可以评述"学生用手势特有的方式表达了信息"这一事实。我们尚不清楚注意到手势（相较于强调手势传递的信息）对学习究竟是有利还是有弊。这在未来会是一个不错的研究课题。

作为一名教师，你可以回应学生的手势，无论是在单人辅导时、黑板前还是学生互相交流的小组中。换言之，学习者的手势能让人了解他们的学习过程，这些信息无论是在何种背景或环境下产生的，都可以应用到他们的教育中。

鼓励学生做手势

你可以利用学生在完成任务时做出的手势，判断谁准备好在这项任务上“更上一层楼”了。但要想将手势作为提示，你的学生首先要做出手势。那么，该如何让你的学生做手势呢?

我们回顾了许多研究，这些研究都为一组儿童示范手势，然后让他们在数学课上做出这些手势。值得注意的是，让儿童以某种特定的方式使用双手，可以增加他们从课程中学到的知识。但是，要想弄清哪些手势最能帮助学生学习某项任务，并不容易。那么，还有别的方法可以帮助学生做手势吗?

前文所述的部分研究都只要求儿童在下一次解释数学题的解法或推演道德困境时移动双手，并没有要求儿童具体用双手做什么。所有儿童都遵从了指令并做了手势，而鼓励他们做手势催生了对题目或困境的新想法，学生在得到鼓励之前并没有表达出这些想法。鼓励他们做手势也增加了他们课后学到的知识。所以，你也可以只让学生在解释问题的答案时做手势，他们就会明白你的意思了。

另一种可行的方式是你自己做手势。你的手势会鼓励学生做手势。我们给一组学生提供包含平衡策略的话语指导，给另一组学生提供包含平衡策略的话语和手势指导。我们发现，在预先测试中不怎么做手势的儿童，如果看到实验人员做手势，他们做手势的次数就会增加，而如果没有看到实验人员做手势，他们做手势的次数则不会增加。儿童不仅会做手势，还能传递出实验人员手势中的平衡策略，即使是从一开始就做很多手势的儿童，也会这样做。换言之，看到手势的儿童会做手势，并且会用手势传达看到的策略。[6]

鼓励学生做手势有两个作用。首先，你的学生可以变成做手势的人，这就为你提供了一扇直达他们思想的窗户，让你能给出具有针对性的指导——你可以纠正错误的概念，认可正确的观念。其次，它也为你的学生提供了一个途径去表达新想法和新接触的概念，用手势表达这些想法也为学生的学习做好进一步的准备。

在教学时使用手势，并注意手势对课程的诠释

如今的数学课程推荐规范鼓励教师通过多种形式表达观点：

图表、物理模型、板书，等等。这些形式旨在将问题在其他符号表征之间进行转换——比如数学符号和数轴——而不是在单一的符号形式中钻研。手势是这些表现形式的理想替代品，何况它还具备很强的视觉属性。手势往往比话语更适合传递某种特定信息。因此，手势可以与话语配合，传达比纯话语更丰富的信息。试想一下，一位教师用语言描述了第一次世界大战期间挖掘战壕的地点，却用手势表示战壕呈“Z”字形走向。手势可以为学生提供一种新的生动的表现形式，而多种表现形式可以增强学习效果。[7]

手势不同于地图和图表等其他表现形式。它是瞬时的，和话语一样很快就会消失在空气中，这是一种优势，也是一种劣势。但是，手势有一点相较于其他表现形式的优势：它可以——确切地说是必须——与所伴随的话语短暂结合。当和口语信息恰当地实时结合起来时，视觉信息将更加有效，这便发挥了手势的自身优势。手势结合话语，比图表和话语更能自然地为学生呈现出一幅统一的画面。[8]

我们知道教师会不由自主地在一对一辅导儿童时做手势。为了深入了解这一过程，我们再一次把老师带到实验室，并请他们单独辅导 9~10 岁的孩子学习数学等式。所有的教师在课上都做手势，而孩子们也都注意到了教师的手势。我们之所以知道这一点，是因为孩子对待教师指令的方式会因指令所伴随的手势而有所不同。与没做手势相比，如果教师在讲某些话的同时还做了与之相匹配的手势，孩子便更有可能重复老师的话；而与没做手势相比，如果教师的话语伴随着错位的手势，孩子便不太可能重复教师的话语。比如，与单独使用相比，当教师在手势中使用平衡策略时，孩子用话语重复它的次数会比较多；而与单独使用相比，当教师在手势中使用分组策略时，孩子们用话语重复它的次数会比较少。换言之，他们对手势传递的信息更加敏感，无论它是否与话语的信息相匹配。儿童还可以从教师的手势中提取解题策略，并用自己的话复述出来。例如，在教师仅用手势使用分组策略之后，孩子便能用话语将它表达出来。[9]

在一对一的数学辅导中，教师会将解题策略中40%的内容用手势表达出来，这个比例并不低。那么，当面对一屋子的学生时，教师还会做手势吗？手势经常出现在学校会教的话题中——计数、加法、控制变量、齿轮、变化率，等等。那么，手势经常出现在教室中尤其是经验丰富的教师的课堂上，也就不足为奇了。一年级的教师在课堂上每分钟会用5~7个非言语表现形式来表达数学概念，几乎每10秒钟就会使用一个。并且到目前为止，手势是教师最常用的非言语表现形式；其他非言语表现方式分别是图片、物品和板书。比如，教师指着（手势）一个可以放10颗豆子的筐，但只放了两颗豆子(物品)。然后，教师指着另一个尚未填满的筐(手势、物品)，同时解释说，必须填满一个筐才能把豆子放进另一个筐中。在教师把多种非言语表现形式组合在一起时，手势几乎始终是组合的一部分。换句话说，手势是一种黏合剂，将不同形式未说出口的信息相互联系，并将其与语言联系起来。手势为语言在物体和动作的世界中奠定了基础，这意味着手势的加入确保了整个交流行为的根基。[10]

教师对手势的运用并非毫无章法，而是有策略的，而且经常用手势为学生答疑解惑。教师经常重复自己的话语，并同时用手势解释话语的意义。确实有成效：儿童常常给出正确的答案，在下面这个例子中，教师率先使用了手势，但在学生没有理解所学内容时，教师的手势变得更加浅显易懂。教师迅速指向剩余的 8 颗豆子，问道："还剩多少？"学生没有回答。教师又问了一遍，不过这次她指的速度慢了一些，把剩余的豆子逐个指了一遍。学生给出了正确答案："8 个。"[11]

和所有说话者一样，教师也会用手势为话语添加新的信息。在辅导 9~10 岁孩子学习数学等式的过程中，一位教师在黑板上写下了 $3 + 7 + 9 = \_\_ + 9$。她用话语描述了平衡策略，同时用手势体现了分组策略。也就是说，她呈现了出手势–话语错位。[12]

> 教师的话语：我们的做法和之前一样。我们要让等式的一边等于另一边。（平衡策略，正确）
>
> 教师的手势：把手放在 3 和 7 下面。（分组策略，正确）

作为回应，这个孩子惊呼一声并正确解出了这道题。当让这位学生解释自己的解题过程时，她做出了以下话语与手势相匹配的回答：

孩子的话语：两边都有 9，所以我们要让剩下的数字相等（相等的加数），但我们又不能填两个数字，所以我把这两个数字加在一起填了上去，就等于 10。（分组策略）
孩子的手势：指着左边的 9，指着右边的 9（相等的加数），在 3 和 7 的位置指了两次，指着空格，指着 3，指着 7。（分组策略）

尽管正确的语言策略和手势中不同但正确的策略之间没有交集，孩子还是发现了只存在于手势中的分组策略。儿童可以从教师的手势错位中提取信息。实际上，手势策略可能适合那些尚未掌握数学任务的孩子。既然如此，为什么手势策略没有出现在手势-话语匹配中，反而出现在手势-话语错位中呢？匹配可以让儿童有机会发现存在于口语和手势两种模式中的策略。但是，手势-话语错位相较于手势-话语匹配可能存在一个优势：它们将两种不同的策略放在同一个话语中，以此突出策略之间的对比。这一对比强调了用多种方法解出一道题的可能性，这对任何苦苦求解数学题的人来说都是一个重要的观念。我认为，教师故意做出手势-

话语错位的可能性很小。教师的错位行为可能是因为他们不确定该如何教导一个话语和手势信息不一致的孩子。但是，将这种错位呈现给孩子似乎并没有使孩子感到困惑——事实上，这似乎还促进了学习。

教师会在课堂上使用手势——至少是在数学课使用，也有可能是所有课使用——以取得更好的教学效果，强化值得培养的观念，并且澄清和纠正错误观念。但是，教师能最大化地发挥手势的价值吗？实际上，美国八年级数学教师的手势并没有比中国香港或日本的教师的手势有效。原因尚不清楚，可能是由于中国香港和日本教师接受了手势训练，或者是反映了不同文化在对待手势态度上的差异。一群研究人员在 1999 年开展了“国际数学与科学趋势研究”项目，这是一项大规模的数学课堂指导视频研究项目。在看到数据采集的视频部分后，我之前的同事林赛·里奇兰发现，美国和中国香港、日本的教师在课堂上所使用的类比法数量相同。类比法可以让学生看到不同数学表征间的共同之处，并帮助他们理解新的问题和概念。而中国香港和日本的教师则使用手势标记出想要进行的对比（比如，在天平和等式之间来回指），且频率远高于美国教师。由于对比缺乏手势提示的指引，美国学生可能无法学会新概念，或者可能学到一个与教师所想的截然不同的概念。中国香港和日本的学生的数学水平要比同龄的美国学生更高，这就暗示了非言语行为对类比的加成作用在数学学习中扮演着重要角色。所以，美国教师在数学课堂上对手势的使用还有很大的提升空间。[13]

将手势纳入学习过程将造福所有的学习者。一些有趣的新发现表明，手势可能对家境普通的孩子格外有帮助。布莱奇·丘奇及其同事给两组学生播放了一节关于数学等式的视频课。其中一组学生的教学内容包括话语中的平衡策略，另一组学生的教学内容则包括话语和手势中的平衡策略。总的来说，正如我们所预料的，观看了话语和手势课程的一组学生在后续测试的成绩要好于只观看了话语课程的那组学生。新的发现就是，这种差异在父母双方都没有上过大学的孩子身上体现得尤为明显。父母至少有一方上过大学的孩子，在两种课程中的获益是相等的。但是，父母双方都没有上过大学的孩子，从话语+手势课程中的获益要高于只有话语的课程。振奋人心的发现在于，在话语+手势课程中，父母都未上过大学的孩子和父母上过大学的孩子几乎表现得一样好。也就是说，儿童之间的差距在他们只接受话语课程时最为明显——父母上过大学的孩子的表现要远远好于父母没上过大学的孩子。但在孩子接受话语+手势课程的情况下，这种差距就消失了。令人惊讶的是，在缩小家境不同的孩子之间的差距方面，增加课堂手势对家庭资源比较有限的孩子格外有帮助，这也令人充满希望：他们可以提升学习水平，取得和家境优渥的孩子相同的学习成就。[14]

手势是强有力的教学工具，应该在课堂上使用。但是，手势的力量并非总是积极的，它是天使，也是恶魔。教师精心选择的手势可以澄清并深化学习者对任务的理解。但是，如果教师无意中的手势错误地强调了任务的某个部分，也可能将学习者引入歧途。因此，最好留意你在课堂上做出的手势，并确保它们真正表达你想表达的意思——你的学生会看见的。

第 9 章

如果手势与语言同等重要，会发生什么？

我们的手会向知道该看向何处的人透露我们的想法。如果你不能使用所在社群的现有语言，不能用语言表达你的想法，手势便会接过这一任务。你可以重建人类语言的基本结构，并在家庭手语中利用这些结构表达自己的观点。

即使你会说社群的现有语言，你的手也不会闲着。它们表达的观点会与语言中的观点相呼应。但是，它们也会表达语言中无迹可寻的信息。你可能都不知道这些观点的存在，但别人可能会察觉到这些想法并依此行事。它们可能会成为对话中的“不速之客”。

你的手不仅能反映你的想法，还能改变它。看到别人的手部动作有可能使你做出对应的手势，这可以改变你的思维方式。当你解释自己的想法时，仅被要求动动手，就可以引出你自己不曾察觉的想法。反之，将这些新想法用手表达出来，也可以促进你更好地吸收指导。

这一现象的拓展性如何？有你的手也表达不出来的观点吗？让我们先来思考一下家庭手语，在没有语言社群帮助的情况下，这种聋哑儿童发明的手势系统所能表达的思想是否具有局限性。儿童能用从范例中学到的语言表达许多观点，家庭手语者也可以将自己的想法表达出来。家庭手语者可以做到这一点，意味着这些想法不是语言塑造的，我们甚至可以说是观点塑造了语言。

但有些观点是家庭手语者无法表达的。可能是因为他们没有兴趣表达这些观点，也可能是缺乏表达的工具。如果情况是这样，那么这些观点就需要一个语言范例才能得以发展。让我们来看一个例子。黛德·根特纳是我在美国西北大学的同事和朋友，她带领一个包括我和阿斯丽·厄兹乌雷克（我之前的学生，现在是荷兰马克斯·普朗克心理语言学研究所的主管之一）在内的团队，一同探究土耳其家庭手语者能否完成需要理解空间关系的非语言任务。我们怀疑家庭手语者可能做不到非语言任务，原因很简单：他们没能用手势对空间关系进行编码。他们用家庭手语来表示一个物体朝另一个物体位移（方位关系），却没有表示两个物体间的最终状态（空间关系）。例如，在一只玩具小猪朝一节栅栏移动之后，描述猪和栅栏间最终状态的最佳方式之一是“猪在栅栏的旁边”。但是，家庭手语者造不出含有这个意思的句子，哪怕他们轻易就能做出一个小猪手势，再在旁边做出栅栏手势。[1]

如果我们基于聋哑儿童的家庭手语来评估他们对空间关系的理解，我们可能会猜测他们整体上都会有些问题，并且这一猜测可能是对的。我们请家庭手语者完成一项空间定位任务，其中包括一个有三层（上、中、下）的盒子。每一层都有一幅不同的图片，其中一幅图的背面有一颗星星。我们发给每个孩子一个盒子，这些盒子中同一层的图片都是相同的。我们向孩子展示星星在我们盒子中的位置，并让他们指出他们盒子中星星的位置。这个任务对于健听儿童来说非常容易，只要掌握了语言工具的健听儿童都能用土耳其语表述出空间关系。但是，土耳其家庭手语者的表现就没这么好了，尽管在一项并不涉及空间关系理解的认知任务中，我们认为他们和健听儿童旗鼓相当。无论是在手势任务还是非语言任务中，家庭手语者都没能表达出空间关系。

家庭手语并没有可以用来描述空间关系的非语言结构，从这一点便可以看出空间关系并不容易表达——这种表达并不是与生俱来的，哪怕你使用的是一门原则上应该让空间关系变得更易描述的语言。家庭手语者未能完成空间定位任务，这一事实表明他们并没有发展出完成空间关系任务的认知技能。或许，对他们进行表达空间关系的手语和语言结构教学有助于他们发展这项技能，这是一个亟待验证的重要假设。事实上，这一假设很可能是正确的。在另一项研究中，黛德 · 根特纳和同事发现，教给说英语的健听儿童描述空间关系的单词有助于优化他们在空间定位任务中的表现，研究中教的单词有："顶"（top），意思是盒子的最上面一层；"底"（bottom），意思是盒子的最下面一层；"中间"（middle），意思是顶和底之间的那一层。最重要的是，有些想法只有在语言的帮助下才能出现。家庭手语不能传递的概念则是这类想法的上佳备选。[2]

并不是所有的想法都能在家庭手语中得到发展。那么在伴语手势中呢？有没有哪些想法完全不能——至少是很难——用手势表达？如果有，那么这些就是我们无法用双手将其表达出来的想法，它们需要用语言（或者其他表现形式）来表达。意象化的、可以在空间中展示的想法，尤其适合用手势表达。当然，所有的想法都是可以放置在空间中的。正如我在书中一直提到的，如果你在谈论某种并不具备空间属性的权力关系，你依然可以用垂直方向的连续统自然地表达你的观点，权力最大者在最顶端，最小者在最底端。手势将想法空间化了。不过，有些想法可能是拒斥空间化的，尤其是当我们没有合适的空间隐喻来捕捉和描绘出这些想法的时候。想想"善良"这个词，想用手势完美地表达出这个词的含义，难度很大。你可能用手或多或少地表达出善良的含义，但是在哪个维度上呢？垂直方向好像并不合适。还有一些想法本身就不适合手势化。想要将这类想法表达出来，你还需要借助双手之外的其他工具。

在本书的开头我曾说过，我会讲到让人们意识到自己的手势会发生什么。我们已经看到，我们所看到和听到的都由手势塑造而成，而我们对此从未留意。如果我们鼓励人们意识到自己和他人都在做手势，并关注这些手势，会有什么样的效果呢？手势会变得不再能够反映并改变我们的想法吗？

我过去常认为，如果我们留意自己的手势，那么这些手势就无法继续揭示我们潜意识中的本真想法了。但是我错了。当我让儿童一边做手势一边解释数学题的答案或者对道德困境进行思考时，他们的手势依然显现出了话语中并不存在的观点——他们依然会存在手势－话语错位。实际上，让孩子做手势会增加错位的数量。有意识做出的手势可以揭示出言语没有出现的想法。而这些错位又会反过来影响有错位现象的孩子，令其在以后的数学或道德课上更有可能取得进步。有意识做出的手势也可以为改变想法创造条件。[3]

一个重要的发现是，留意你或者他人的手势并不会阻止它们反映你的隐藏想法，也不会阻止它们改变你的想法。但它可能会拖慢你的反应速度。我可以想象，如果你不承认或者不关注一些具有争议性和威胁性的想法，那么你就更容易接受它们。如果是这样的话，那么不让手势成为焦点可能更有利于这些想法的培养。虽然将手势保持在意识水平之下，只能微乎其微地提高学习能力，但了解手势的这一特性也是很有帮助的，这样我们就可以在必要时对其加以利用。这在未来是一个有趣而重要的研究领域。要想弄清如何操控人的意识，让他们了解自己的手势并不容易，但如何实现这一点还是值得我们思考。

由于将手势作为重点并没有损害其激发和挖掘深层认知的能力，我认为我们应该提高手势的地位以便将其视为语言的核心。语言依然是人类交流的根基。自发的手势可以像变色龙一样，会根据所伴随的语言功能而改变其含义，语言则很少根据手势改变其含义。尽管如此，手势还是可以与我们的思想互补。忽视手势就是只看到对话的冰山一角，而错过了表象之下的深层信息。

当说话者并没有意识到自己的手势正在传递信息时，鼓励关注手势才会产生最大的影响。在课堂上，学生的手势会传递并非有意表达的信息，教师可以以此评估学生的掌握情况。反之，教师的手势也会在无意中传递信息，学生也会对此做出反应。法律质询是另一个可以放大无意信息的场景。法律交流是“通过谈话构建的”，这意味着即使脱离非言语环境，这些互动也可以被理解。面部表情、注视的方向以及手势，都能提供相关信息。如果没有了非言语提示——比如庭审的录音和笔录——这些对话大体上依然是可理解的。如果——其实很有可能——法律质询的参与者用手势表达了话语中并不存在的信息，这些信息将不会出现在笔录中。诚如我们所见，质询参与者不会对这些信息毫无察觉。即使不会出现在书面记录中，这些信息也会被包含在个体对事态的评估之中。这对法律文书记录来说是一个问题。[4]

让我们来考虑一个假设性案例。想象一个采访者怀疑一个孩子被一个长着小胡子的人虐待。尽管采访人非常小心，不在言语中提及他们的怀疑（他们了解向幼儿提出引导性问题，可能会引发偏倚作用），他们可能会在提问时无意中做出一个“小胡子”的手势。之后，这个孩子就会描述一个长着小胡子的人，并不是因为这个人真的长着小胡子，而是对采访者的（无意的）手势提示做出的回应。换句话说，正如我们现在所知道的，手势和谈话一样，很有可能将暗示引入采访。但是，采访者不太了解他们的手势，不像留意言语一样留意手势。然后，他们可能会在不经意间让它们“乘虚而入”。我们需要让法律事务的采访者——事实上是所有采访者——都意识到自己的手势。[5]

现在，让我们想象一个儿童受访者，他在描述一个伤害他的人时做出了小胡子的手势，但并未在言语中提到小胡子。采访人捕捉到了这个手势并问道：“他长着小胡子吗？”对于阅读这份交流笔录的人来说，是采访人提出了一个引导性问题，但实际上是儿童进行了引导。在本案中，儿童自发传递的信息被成人采访人误解并引入了询问——因为所有手势都不会得到法律世界的承认。这是一场隐秘的手势对话，并且不会进入笔录成为法律文件。鉴于采访人提出问题的方式经常会影响成人和儿童对一件事的记忆，这个问题具有重要的含义。

在上述及众多其他的情况下，手势传递的信息就在那里，等待提取。作为倾听者，我们经常能够提取它们，尽管我们很少承认其来源。尤其在需要记录谁说了什么的领域——法律界就是一个典型的例子——我们或许需要像记录话语一样记录手势。

另一个禁止使用非言语行为——特别是手势——的领域是聋哑教育。正如前文所述，大多数聋哑儿童的父母都是希望孩子学会说话的健听人士。在这些家长的需求下，口唇教学法应运而生。但口唇教学法有许多不同的学派。有些传统观点坚持开发聋哑儿童残存的听力，并使用辅助设备增强听力，人工耳蜗植入就是教会聋哑儿童学会说话的最佳方法。这些教育人士会捂住自己的嘴，并让孩子背对自己，以此调试他们的听力。但是，健听儿童可以看到交流对象的口型和手势，而且健听人士需要依赖这些提示。所以，我们为什么要让聋哑儿童去做比健听儿童更难的任务呢？其根本逻辑在于，聋哑儿童在面对视觉提示时就不能利用声音提示了。但我尚未看到证明此观点的有力证据。另一个途径是利用一个聋哑儿童能利用的所有提示，无论是听觉还是视觉。利用所有提示可能会帮助聋哑儿童更好地融入身边的社会，并且提升他们与之交流的能力。如果我们想拓宽健听儿童学习语言的窗口，那么也同样应该拓宽聋哑儿童学习语言的窗口。话语省略了谈话的部分内容。为什么聋哑儿童就要被省去的这部分信息排除在外？[6]

我们可以如何提高对手势的意识？一种方法是告诉人们注意他们看到的手势。另一种方法是告诉他们要注意自己的手势。但他们该如何规划自己的手势呢？第一位全美青年桂冠诗人阿曼达·戈尔曼就是一个很好的例子，她在 2021 年 1 月 20 日美国总统拜登的就职典礼上朗诵了她的诗歌《我们攀登的山》。她的话很鼓舞人心，她的手势也有同样的效果。戈尔曼的手势使她的思想有了生命，让我们了解她，看到她，感受到她作为一名黑人女性的独特经历。她为强调自己的话设计了手势。当她说道："在那个时代，有一个骨瘦如柴的黑人女孩，她是奴隶的后代，由单身母亲抚养长大……"她用两个拇指指了指肩膀；然后优雅地把两只手从头上移开，继续说道："……可以梦想成为美国总统。"点明这是她的梦想。

戈尔曼有意识地为就职典礼的表演设计了手势。但是，这

些手势出现在她的自发手势之后。美国总统就职典礼后，戈尔曼接受了《柯登深夜秀》的采访。她描述了小时候的自己和妹妹路过柯登录节目的摄影棚时是如何偷看的——我们“把脸贴在铁门上”，边说边把手掌放在脸的两侧，假装她的小脸透过铁门窥视。戈尔曼说，接受柯登的采访对她来说是“一个完整的闭环时刻”，她把两只手掌叠在心口，这一刻的手势完全是自发的、个人化的。和其他人一样，戈尔曼的手势有时也会泄露自己的想法，而这些想法并没有在她的话语中出现。当她告诉柯登，自己收到出席美国总统就职典礼的邀请时，就是一个这样的时刻。“我接到了Zoom视频电话，”她一边说，一边做了一个打电话的手势(拇指和小指放在耳朵上)。她用她的手势向我们展示了Zoom——一种远程且相对静态的媒介——并没有取代这一富有协作性和更传统的交流形式。戈尔曼自发的手势为她穿插在诗歌中的手势提供了素材。她已经学会了用手来补充话语的艺术，并运用其达到戏剧性的效果。

是时候承认人类交流的全貌包括语言和手势了。这样做可能会减少误解——如果你意识到你用手表达了男女之间的不平等，那当倾听者指责你有偏见时，你就不会感到惊讶了。它还可能让你不太愿意无条件地接受在对话中消除手势的技术进步。印刷的文字和电话朝着这个方向迈出第一步。FaceTime和Zoom视频通话软件专注于面部，而不是人的手，因此消除了你的手势会传达的信息。即使我们能看到别人的脸，这些技术也常常让我们难以做手势——例如，当我们握着手机和别人用FaceTime视频通话时，我们便失去了手的优势。这些技术发展可能会淡化手在交流中的作用，并可能对未来交流和学习产生深远影响。

你能做些什么来减少对话中手势的流失呢？你可以让自己意识到你和别人的手对人们传递信息的重要性。你可以开始倡导让我们的双手回归的技术。当我在Zoom视频通话软件上录制我的演讲时，我必须有意识地举起我的手，确保我的手势能出现在对话框里，这样我的倾听者就能看到它们。我知道我的手对传递信息有多重要，但大多数人都不知道，他们也不会为此付出额外的努力。对于程序员来说，让我们的手伸向虚拟世界应该没有那么困难。

另一个应该特别关注手势的领域是在线教学。通常情况下，教师并不会出现在在线课程中——在可汗学院上课时，你在看到案例的同时只能听到一个声音，或者只能在屏幕上看到案例。除了看不见老师的目光和表情，学习者也看不见教师的手势。这种省略对来自家庭较差的儿童尤其不利。在课堂上加入手势可以提高家庭条件较差的孩子的表现，使其与家庭条件较好的孩子的表现持平。换句话说，手势有可能在教育中创造公平的竞争环境，手势的力量令人兴奋和前途光明，利用这种力量可以弥合长期存在的分歧。要实现这一公平的竞争环境，第一步便要确保学生可以在线上课程中看到教师的双手。[7]

我们都可以学会用手势来强调我们的对话要点，从而深化我们说话的意思和意图——事实上，我们会自然而然地这样做。我们只需要学会用心、有意地去做。我们也要注意别人的手势，并把我们的手表达的想法当成我们所说的话一样认真对待。注意我们的手势可以减少对他人的威胁，并帮助我们理解为什么别人会感觉受到威胁。手势不能解决我们相互理解的问题。但是，认识到我们的思想在宛如一股重要的电流一般在我们的手中流动，是重要的第一步。

—— 致谢 ——

这是一本爱的结晶。我要将它献给我的丈夫比尔·梅多，他于 2019 年 9 月 14 日去世。比尔对这本书做出了不可计量的贡献。我在国外读大三时发现自己想学心理学，那时他就支持我。他相信我，哪怕我自己都不相信自己。比尔不仅仅是为我加油，他读过我写的每一个字（当然，这本书除外），并用他的语言天赋和敏锐的科学洞察润色我的文字，我们会就观点和表达方式争执不下。没有人会比我的丈夫更加认真地对待我。

倾听盘根错节的观点，并把它们简单生动地转述出来，在这一点上没有人比比尔做得更好。我努力汲取他的才华，正是这种才华让他成为我所认识的老师中最好的那一个。他也深谙学生进步需要什么，以及如何引导他们迈出学习的下一步（网球、帆板冲浪、化学、数学，以及一切的一切）。在教学和写作方面，我很幸运地成为那些学生中的一员。

比尔总是充满热情。我热爱我的工作，从来如此。他非常欣赏这种热爱，并用自己的热情给予支持。如果这本书曾让你为某个观点感到激动，那是他和我共同的成功。

比尔尊重科学。他喜爱数据，我亦如此。我们都是喜欢观察世界并且总想弄清它的运转规则的人。这并不是说我对潜在的研究结果没有自己的理论和直觉预判，而是当数据不能支持我的观点时，我会甘拜下风。我一直试图强调我们对科学共同的尊重，告诉你我的直觉什么时候会出错，又如何被科学带回正确(或更正确)的轨道上。

比尔和我是一个团队。我们创造出一个根系统，持续供养我们的二人团队长达50年，若我们尚有时日，这个时间还会更长。与此同时，我们彼此缠绕的根系也让我们得以生发新枝（只是一个比喻），走自己的路。与比尔的相知和结合让我的生活变得更加美好——他可能会说（他热衷于体育比喻）：这对我们两个人来说都是人生比赛的转折点。

说回科研本身，这些都是在与同事、博士后和学生的合作中完成的。能向这么多人表达谢意，我感到非常幸运。首先，我要感谢莱拉·格莱特曼在家庭手语研究中的帮助，她是我研究生期间的指导教授，鼓励我研究家庭手语的深层次理论。40年来，她一直是我的伙伴（和朋友）——我们在1978年合作了第一篇论文，在2019年完成了最后一篇。尽管她也已不在人世，我也永远感激她在比尔去世后给予我的陪伴。她和我一样爱比尔。我要感谢研究生同学海蒂·费尔德曼，她和我一起发起了家庭手语研究，并在之后成为一名儿科医生，将知识付诸实践；她成为一名德高望重的临床医师和研究专家。我还要感谢卡洛琳·迈兰德，她担任我的实验室经理和合作伙伴一职长达40年，并在退休后又帮助了我长达10年，她是一位一丝不苟的编码员——每当卡洛琳为视频编码时，我就知道该记录的都会被记录下来，这让我非常安心。

还有很多人都在我的家庭手语研究中鼎力相助——莫莉·弗莱厄蒂、莉莉娅·里斯曼、迪娅·亨希克、艾米·富兰克林、莎拉·凡·杜森·菲利普斯、吉尔·莫福德、赛依达·厄兹萨利斯坎、劳拉·霍顿、阿斯丽·厄兹乌雷克，以及我的多年好友黛德·根特纳。还有很多人帮忙把实验扩展到尼加拉瓜——娜塔莎·阿布纳、丽斯杰·斯佩彭、玛丽·科波拉，以及安妮·森哈斯。我想感谢他们和我的同事戴安·布伦塔里，她帮我建立了家庭手语研究、跨语种手语研究，以及新兴语言间的联系，并取得了丰硕成果，和她共事（无论学术还是私交）总是很愉快。我要向所有这些合作伙伴表达感激，感谢他们为露丝·弗西和米歇尔·马德兰萨卡伊搭建了平台，让她们可以开展关于如何在交流中使用家庭手语的新工作。

无声手势的研究（我们请健听人士用手而不用口描述场景的研究）是家庭手语研究的理论分支。我和同事戴维·麦克尼尔，以及我当时的博士后珍妮·辛格尔顿一同发起了该项目，并和丽莎·格什科夫–斯托、苏咏芝，以及赛依达·厄兹萨利斯坎（她将实验对象扩展至盲人说话者）一同跟进。我要感谢他们为此项研究奠定的坚实基础，这为莫妮卡·都和西蒙·科尔比研究当代语言产生的新项目创造了条件。

同样，家庭手语研究启发了我对家庭儿童语言学习的研究，并将重点放在如何帮助他们用手势学习语言。我要感谢我的同事亚内伦·胡顿罗赫（她也已经离世）让我领衔一个由 3 个五年项目组成、旨在跟踪研究 60 个正常发育儿童和 40 个脑损伤儿童在家里与父母自然互动的研究。与我们同事（和朋友）苏珊·莱文、史蒂夫·劳登布什，以及史蒂夫·斯莫尔进行合作，20 年过去了，我依然在跟踪研究这些孩子，并且吸引林赛·里奇兰和玛丽萨·卡西利亚斯加入了团队。这些孩子的跟踪研究视频已经为众多项目和不计其数的学生学位论文提供了数据，希望可以在今后的许多年里继续发光发热。我要感谢辛迪·布彻、亚娜·艾弗森（她也发起了盲童手势项目）、梅雷迪思·罗、赛依达·厄兹萨利斯坎、埃丽卡·卡特米尔和伊芙·勒巴顿，感谢她们对发育正常儿童和脑损伤儿童研究的帮助，我要感谢埃杰·德米尔–里拉、安东尼·迪克和史蒂夫·斯莫尔，感谢他们带领我进入脑部造影领域，探索儿童和成人的手势+话语组合。他们为我现在的研究创造了条件，在这项研究中，我联合了曼迪·塞西亚、汉娜·郭，以及我的同事马克·伯曼一起探究与作用于物品的动作相比，手势在学习、泛化和记忆方面的影响有何不同。

由此，我们来到了伴语手势研究，本研究的灵感来自我研究生期间的另一位指导教授、认知发展领域巨擘罗杰·吉尔曼的一段录像，内容是听力正常的儿童参与皮亚杰的守恒实验，当然还包括他们的手势。感谢布莱奇·丘奇、米歇尔·佩里、玛莎·阿里巴利、梅丽莎·辛格、菲利普·加贝尔、苏珊·库克、斯宾塞·凯利，以及我的同事霍华德·努斯鲍姆，感谢他们帮我认识到手势对思考和讲话的重要意义。感谢米里亚姆·诺瓦克、艾丽莎·康登、伊丽莎白·维克菲尔德、克里斯蒂娜·卡拉扎、阿丽莎·克西、雷迪·平、肯西·库珀莱德、莎拉·布罗德斯，还有我的前同事西恩·贝洛克，感谢他们进一步利用这一现象，去探究手势在学习作用背后的机制。我还要感谢卡罗尔·帕登和亚伦·希尔德帮助我将这项研究扩展至聋哑手语者的伴语手势；感谢桑迪·瓦克斯曼、戴安·布伦塔里和米里亚姆·诺瓦克帮助我思考手势和手语对年轻的聋哑或健听语言学习者的认知造成的影响；感谢凯茜和珍妮·卢帮助我认清手势与手语的界限；还要感谢妮娜·塞姆什纳、布莱奇·丘奇和泽娜·莱文对辅导中加入手势是否可以促进聋哑手语者的学习的提问。

本书也得益于多年来我和同事们就语言、思想和手势的许多对话。感谢他们与我分享他们的观点、他们的热情，最重要的是与我分享他们的友情——戴安·布伦塔里、海蒂·费尔德曼、黛德·根特纳、莱拉·格莱特曼、芭芭拉·兰道、苏珊·莱文、玛莎·麦克林托克、戴维·麦克尼尔、艾丽莎·纽波特、霍华德·努斯鲍姆、史蒂夫·劳登布什、林赛·里奇兰、史蒂夫·斯莫尔、利兹·斯皮尔克、芭芭拉·特沃斯基、桑迪·瓦克斯曼、比尔·维姆赛特，还有阿曼达·伍德沃德。

我还要感谢我的资助人。多年以来，我非常幸运地得到众多组织的资助——美国国家科学基金会（项目BNS-7705990；BNS-8004313；BCS-1654154）、美国国家耳聋和其他沟通障碍研究所（项目R01 DC00491 1-24）、斯宾塞基金会对家庭手语研究的资助；美国国家儿童健康与人类发展研究所（项目P01 HD040605）和美国国家教育科学院(项目R305A190467)对发育正常儿童和脑损伤儿童的跟踪研究的资助；美国国家儿童健康与人类发展研究所（项目R01 HD18617；R01 HD31185；R01 HD47450）和美国国家科学基金会（项目BCS-09255595；BCS-142224；DRL-1561405；SMA1640893）对手势的学习作用的研究资助。我也非常幸运地得到了最多的行政支持。感谢克里斯蒂·施恩瓦尔德、朱迪·卡恩、卡洛琳·迈兰德、马基·泰奥菲勒和杰西卡·布雷兹帮我保证一切运转正常。感谢琳达·赫夫为本书绘制了插图——她的精彩描绘让我所描述的景象跃然纸上。

在书的撰写方面，我招募了同事、学生、朋友和读者的孩子——纳撒尼尔(小甜心)·梅多、杰奎琳·梅多、梅雷迪思·罗、玛莎·阿里巴利、桑迪·瓦克斯曼、罗伯特·赛法特、凯茜和凯文·克劳尔迪、凯蒂·金茨勒、吉姆·钱德勒、唐娜·沙特、哈丽雅特·霍维茨、黛博拉·爱泼斯坦。我非常感激他们在理论、概念、实操、文字，甚至排版等各个层面的意见。感谢埃里克·汉尼，在我刚开始动笔时他还在基本书局工作。他说服我写一本书，并帮我撰写一份引人入胜的写作大纲。感谢我在基本书局的编辑艾玛·贝瑞和玛丽莎·科尔斯，感谢她们反复阅读本书，帮助它确定写作结构，还要感谢凯丽·伦科维奇细致入微的审稿。我十分感激每一位审读这本书的人对它的关心。有了他们的投入，本书才会变得更好。

我于2021年在威斯康星州华盛顿岛西部的吉布森家开始了本书的写作，并于第二年夏天定稿。过去的42年，每年8月我们一家都在这里度过。这是一个沉思（和帆板冲浪）的好地方，我要感谢吉布森一家的友谊和支持，尤其是在比尔患病期间。华盛顿岛是一个田园牧歌式的地方，非常适合思考手势并写点儿什么（当然也适合干其他事情）。

我要感谢我的孩子们——亚历山大（山德），纳撒尼尔（小甜心），还有杰奎琳（比妮）·梅多——以及他们的配偶杰西卡·库马尔、露西·杰克布森·梅多和德鲁·威尔曼。感谢他们像比尔那样鼓励我，为我打气。感谢山德、小甜心和比妮在年幼时毫不费力地学会了语言，并且在过程中做手势。我还要感谢我的孙辈们——科迪、齐娅和威尔——他们让我又一次目睹了做手势学习语言的全过程，只不过这次是以祖母的视角。最后，我要感谢我的人生伴侣比尔，感谢他总会在我和孩子们需要时出现。严格意义上说，他从未离开。

—— 注释 ——

前言　我的手势研究之路

1. *The Crown*, Season 4, written by Peter Morgan and produced by Left Bank Pictures and Sony Pictures Television for Netflix.

2. Haviland, J. (1993). Anchoring, iconicity and orientation in Guugu Yimithirr pointing gestures. *Linguistic Anthropology*, *1*, 3–45. Haviland, J. (2000). Pointing, gesture spaces, and mental maps. In D. McNeill (ed.), *Language and gesture* (pp. 13–46). Cambridge: Cambridge University Press.

3. “The Good Conversationalist: The Basics,” Emily Post Institute, https://emilypost.com/advice/the-good-conversationalist-the-basics.

4. On communication in all species, see Hauser, M. D. (1996). *The evolution of communication*. Cambridge, MA: MIT Press.

5.尼克松白宫录音记录了 1971—1973 年理查德·尼克松总统与其行政官员、家人以及白宫员工之间的对话。尼克松与肯尼迪的总统辩论是在 1960 年总统大选之前举行的。多数广播听众认为二人在首场辩论中平分秋色，或认为尼克松胜出，但多达 7 000 万的电视观众则认为肯尼迪胜出。History.com网站编辑，“The Kennedy-Nixon Debates”，更新于 2019 年 6 月 10 日，来自History.com网站，地址为https://www.history.com/topics/us-presidents/kennedy-nixon-debates。

6. Franklin, A. (2007). Liar, liar hands on fire: What gesture-speech asynchrony reveals about thinking. Unpublished doctoral dissertation, University of Chicago.

第 1 章　说话时如何用手？

1. On mechanism and function in alligators, see Lang, J. W. (1976). Amphibious behavior of *Alligator mississippiensis*: Roles of a circadian rhythm and light. *Science*, *191*, 575–577.

2. Cook, S. W., & Tanenhaus, M. K. (2009). Embodied communication: Speakers' gestures affect listeners' actions. *Cognition*, *113*(1), 98–104.

3. Hostetter, A. B., & Alibali, M. W. (2008). Visible embodiment: Gestures as simulated action. *Psychonomic Bulletin & Review*, *15*, 495–514. On theories of embodied cognition, see Pulvermüller, F. (2005). Brain mechanisms linking language and action. *Nature Reviews Neuroscience*, *6*(7), 576–582. doi: 10.1038/nrn1706. PMID: 15959465. Chambers, C. G., Tanenhaus, M. K., Eberhard, K. M., Filip, H., & Carlson, G. N. (2002). Circumscribing referential domains during real-time language comprehension. *Journal of Memory and Language*, *47*, 30–49. Wilson, M. (2002). Six views of embodied cognition. *Psychonomic Bulletin & Review*, *9*, 625–636. Wilson, M., & Knoblich, G. (2005). The case for motor involvement in perceiving conspecifics. *Psychological Bulletin*, *131*, 460–473.

4. Aglioti, S., DeSouza, J. F. X., & Goodale, M. A. (1995). Size-contrast illusions deceive the eye but not the hand. *Current Biology*, *5*(6), 679–685. doi: 10.1016/S0960-9822(95)00133-3. Bruno, N., & Franz, V. H. (2009). When is grasping affected by the Müller-Lyer illusion? A quantitative review. *Neuropsychologia*, *47*(6), 1421–1433. doi: 10.1016/j.neuropsychologia.2008.10.031.

5. Brown, A. R., Pouw, W., Brentari, D., & Goldin-Meadow, S. (2021). People are less susceptible to illusion when they use their hands to communicate rather than estimate. *Psychological Science*, *32*(8), 1227–1237. doi: 10.1177/0956772199552.

6. Wakefield, E., Congdon, E. L., Novack, M. A., Goldin-Meadow, S., & James, K. H. (2019). Learning math by hand: The neural effects of gesture-based instruction in 8-year-old children. *Attention, Perception & Psychophysics*, *81*, 2343–2353. doi: 10.3758/s13414-019-01755-y. James, K. H., & Atwood, T. P. (2009). The role of sensorimotor learning in the perception of letter-like forms: Tracking the causes of neural specialization for letters. *Cognitive Neuropsychology*, *26*, 91–110.

7. Cole, J. (1991). *Pride and a daily marathon*. London: Duckworth. Gallagher, S., Cole, J., & McNeill, D. (2001). The language-thought-hand system. In C. Cave, I. Guaitella, & S. Santi (eds.), *Oralite et gestualite:*

Interactions et comportements multimodaux dans la communication (pp. 420–424). Paris: L'Harmattan.

8. Ramachandran, V. S., & Blakeslee, S. (1998). *Phantoms in the brain: Probing the mysteries of the human mind.* New York: William Morrow & Co., 41.

9. Graham, J. A., & Argyle, M. (1975). A cross-cultural study of the communication of extra-verbal meaning by gestures. *International Journal of Psychology, 10*, 57–67. McNeil, N., Alibali, M. W., & Evans, J. L. (2000). The role of gesture in children's comprehension of spoken language: Now they need it, now they don't. *Journal of Nonverbal Behavior, 24*, 131–150. Hostetter, A. B. (2011). When do gestures communicate? A meta-analysis. *Psychological Bulletin, 137*(2), 297.

10. Trujillo, J., Özyürek, A., Holler, J., & Drijvers, L. (2021). Speakers exhibit a multimodal Lombard effect in noise. *Scientific Reports*, 11, 16721. doi: 10.1038/s41598-021–95791-0.

11. On gesture facilitating lexical retrieval when you talk, see Butterworth, B., & Hadar, U. (1989). Gesture, speech, and computational stages: A reply to McNeill. *Psychological Review, 96*, 168–174. Krauss, R. M. (1998). Why do we gesture when we speak? *Current Directions in Psychological Science, 7*, 54–60. Rauscher, F. H., Krauss, R. M., & Chen, Y. (1996). Gesture, speech, and lexical access: The role of lexical movements in speech production. *Psychological Science, 7*, 226–231. On gesture *not* facilitating lexical retrieval when you talk, see Alibali, M. W., Kita, S., & Young, A. J. (2000). Gesture and the process of speech production: We think, therefore we gesture. *Language and Cognitive Processes, 15*(6), 593–613. Kisa, Y. D., Goldin-Meadow, S., & Casasanto, D. (2021). Do gestures really facilitate speech production? *Journal of Experimental Psychology: General*, Advance online publication. doi: 10.1037/xge0001135.

12. Wakefield, E., Novack, M. A., Congdon, E. L., Franconeri, S., & Goldin-Meadow, S. (2018). Gesture helps learners learn, but not merely by guiding their visual attention. *Developmental Science, 21*(6). doi: 10.1111/desc.12664.

13. Alibali, M. W., & DiRusso, A. A. (1999). The function of gesture in learning to count: More than keeping track. *Cognitive Development, 14*, 37–56.

14. Cook, S. W., Yip, T. K-Y., & Goldin-Meadow, S. (2010). Gesturing makes memories that last. *Journal of Memory and Language, 63*(4), 465–475.

15. Cowan, N., & Morey, C. C. (2007). How can dual-task working memory retention limits be investigated? *Psychological Science*, *18*(8), 686–688. doi: 10.1111/j.1467-9280.2007.01960.x.

16. Goldin-Meadow, S., Nusbaum, H., Kelly, S., & Wagner, S. (2001). Explaining math: Gesturing lightens the load. *Psychological Science*, *12*, 516–522. Wagner, S., Nusbaum, H., & Goldin-Meadow, S. (2004). Probing the mental representation of gesture: Is handwaving spatial? *Journal of Memory and Language*, *50*, 395–407.

17. Ping, R., & Goldin-Meadow, S. (2010). Gesturing saves cognitive resources when talking about non-present objects. *Cognitive Science*, *34*(4), 602–619.

18. Beaudoin-Ryan, L., & Goldin-Meadow, S. (2014). Teaching moral reasoning through gesture. *Developmental Science*, *17*(6), 984–990. doi: 10.1111/desc.12180.

19. Tversky, B. (2019). *Mind in motion: How action shapes thought*. New York: Basic Books.

20. Newcombe, N. S. (2017). Harnessing spatial thinking to support STEM learning. *Organisation for Economic Co-operation and Development (OECD) Reports*. doi: 10.1787/7d5cae6-en. On the method of loci, see O'Keefe, J., & Nadel, L. (1978). *The hippocampus as a cognitive map*. Oxford: Oxford University Press.

21. Mayer, R. (2009). *Multimedia learning, 2nd edition*. New York: Cambridge University Press.

22. Goldin-Meadow, S., & Brentari, D. (2017). Gesture, sign and language: The coming of age of sign language and gesture studies. *Behavioral and Brain Sciences*, *40*, e46. doi: 10.1017/S0140525X15001247. Emmorey, K. (1999). Do signers gesture? In L. S. Messing & R. Campbell (eds.), *Gesture, speech, and sign* (pp. 133–159). Oxford: Oxford University Press.

23. Perry, M., Church, R. B., & Goldin-Meadow, S. (1988). Transitional knowledge in the acquisition of concepts. *Cognitive Development*, *3*, 359–400.

24. Goldin-Meadow, S., Shield, A., Lenzen, D., Herzig, M., & Padden, C. (2012). The gestures ASL signers use tell us when they are ready to learn math, *Cognition*, *123*, 448–453.

25. On actions impacting how you see the world, see Barsalou, L. W. (1999). Perceptual symbol systems. *Behavioral and Brain Sciences*, *22*, 577–660. Beilock, S. L., Lyons, I. M., Mattarella-Micke, A., Nusbaum, H. C., & Small, S. L. (2008). Sports experience changes the

neural processing of action language. *Proceedings of the National Academy of Sciences of the United States of America*, *105*, 13269–13273. Casile, A., & Giese, M. A. (2006). Nonvisual motor training influences biological motion perception. *Current Biology*, *16*, 69–74. Glenberg, A. M., & Robertson, D. A. (2000). Symbol grounding and meaning: A comparison of high-dimensional and embodied theories of meaning. *Journal of Memory and Language*, *43*, 379–401. Niedenthal, P. M. (2007). Embodying emotion. *Science*, *316*, 1002–1005. Zwaan, R. A. (1999). Embodied cognition, perceptual symbols, and situation models. *Discourse Processes*, *28*, 81–88.

26. Beilock, S. L., & Goldin-Meadow, S. (2010). Gesture grounds thought in action. *Psychological Science*, *21*, 1605–1610. Goldin-Meadow, S., & Beilock, S. L. (2010). Action's influence on thought: The case of gesture. *Perspectives on Psychological Science*, *5*, 664–674.

27. Maimon-Mor, R. O., Obasi, E., Lu, J., Odeh, N., Kirker, S., MacSweeney, M., Goldin-Meadow, S., & Makin, T. R. (2020). Talking with your (artificial) hands: Communicative hand gestures as an implicit measure of embodiment, *iScience*, *23*(11). doi: 10.1016/j.isci.2020.101650.

28. On watching action that activates your own motor system, see Buccino, G., Binkofski, F., Fink, G. R., Fadiga, L., Fogassi, L., Gallese, V., Seitz, R. J., Zilles, K., Rizzolatti, G., & Freund, H. J. (2001). Action observation activates premotor and parietal areas in a somatotopic manner: An fMRI study. *European Journal of Neuroscience*, *13*(2), 400–404. Hamilton, A., Wolpert, D. M., & Frith, U. (2004). Your own action influences how you perceive another person's action. *Current Biology*, *14*, 493–498. Wilson, A. D., Collins, D. R., & Bingham, G. P. (2005). Perceptual coupling in rhythmic movement coordination: Stable perception leads to stable action. *Experimental Brain Research*, *164*, 517–528. Sebanz, N., Bekkering, H., & Knoblich, G. (2006). Joint action: Bodies and minds moving together. *Trends in Cognitive Sciences*, *10*(2), 70–76. On the overlap between neural circuitry activated when seeing someone act and planning/producing that same action yourself, see Buccino, G., Binkofski, F., Fink, G. R., Fadiga, L., Fogassi, L., Gallese, V., Seitz, R. J., Zilles, K., Rizzolatti, G., & Freund, H. J. (2001). Action observation activates premotor and parietal areas in a somatotopic manner: An fMRI study. *European Journal of Neuroscience*, *13*(2), 400–404. Calvo-Merino, G., Glaser, D. E., Grezes, J., Passingham, R. E., & Haggard, P. (2005). Action observation

and acquired motor skills: An fMRI study with expert dancers. *Cerebral Cortex*, *15*(8), 1243–1249. Jacobs, A., & Shiffrar, M. (2005). Walking perception by walking observers. *Journal of Experimental Psychology: Human Perception and Performance*, *31*, 157–169. Hamilton, A., Wolpert, D. M., & Frith, U. (2004). Your own action influences how you perceive another person's action. *Current Biology*, *14*, 493–498. Maeda, F., Mazziotta, J., & Iacoboni, M. (2002). Transcranial magnetic stimulation studies of the human mirror neuron system. *International Congress Series*, *1232*, 889–894. On reducing motor resources and its effect on understanding a task, see Beilock, S. L., & Holt, L. E. (2007). Embodied preference judgments: Can likeability be driven by the motor system? *Psychological Science*, *18*, 51–57.

29. Ping, R., Goldin-Meadow, S., & Beilock, S. (2014). Understanding gesture: Is the listener's motor system involved? *Journal of Experimental Psychology: General*, *143*(1), 195–204. doi: 10.1037/a0032246.

30. Novack, M. A., Congdon, E. L., Hemani-Lopez, N., & Goldin-Meadow, S. (2014). From action to abstraction: Using the hands to learn math. *Psychological Science*, *25*(4), 903–910. doi: 10.1177/0956797613518351.

31. Wakefield, E. M., Hall, C., James, K. H., & Goldin-Meadow, S. (2018). Gesture for generalization: Gesture facilitates flexible learning of words for actions on objects. *Developmental Science*, *21*(5), e12656. doi: 10.1111/desc.12656.

32. Hegarty, M., Mayer, S., Perez-Kriz, S., & Keehner, M. (2005). The role of gestures in mental animation. *Spatial Cognition and Computation*, *5*, 333–356. doi: 10.1207/s15427633scc0504_3.

33. Lakoff, G., & Núñez, R. (2000). *Where mathematics comes from: How the embodied mind brings mathematics into being*. New York: Basic Books.

34. Marghetis, T., & Núñez, R. (2013). The motion behind the symbols: A vital role for dynamism in the conceptualization of limits and continuity in expert mathematics. *Topics in Cognitive Science*, *5*, 299–316. doi: 10.1111/tops.12013.

第 2 章　手所做，心所想

1. Darwin, C. (2009). *The expression of the emotions in man and animals*. New York: Oxford University Press (original work published 1872). de Waal, F. (1998). *Chimpanzee politics: Power and sex among*

apes. Baltimore: Johns Hopkins University Press. Mayr, E. (1974). Behavior programs and evolutionary strategies. *American Scientist*, *62*, 650–659.

2. Carney, D. R., Cuddy, A. J. C., & Yap, A. J. (2010). Power posing: Brief nonverbal displays affect neuroendocrine levels and risk tolerance. *Psychological Science*, *21*(10), 1363–1368. doi: 10.1177/0956797610383437. Ranehill, E., Dreber, A., Johannesson, M., Leiberg, S., Sul, S., & Weber, R. A. (2015). Assessing the robustness of power posing: No effect on hormones and risk tolerance in a large sample of men and women. *Psychological Science*, *26*(5), 653–656. Cuddy, A. J. C., Schultz, J., & Fosse, N. E. (2018). *P*-curving a more comprehensive body of research on postural feedback reveals clear evidential value for power-posing effects: Reply to Simmons and Simonsohn. *Psychological Science*, *29*(4), 656–666. doi: 10.1177/0956797617746749.

3. Ekman, P., & Friesen, W. (1969). The repertoire of nonverbal behavior: Categories, origins, usage, and coding. *Semiotica*, *1*, 49–98.

4. Iverson, J. M., & Goldin-Meadow, S. (1998). Why people gesture as they speak. *Nature*, *396*, 228.

5. Özçalışkan, Ş., Lucero, C., & Goldin-Meadow, S. (2016). Is seeing gesture necessary to gesture like a native speaker? *Psychological Science*, *27*(5), 737–747. doi: 10.1177/0956797616629931.

6. Kendon, A. (1980). Gesticulation and speech: Two aspects of the process of utterance. In M. R. Key (ed.), *Relationship of verbal and nonverbal communication* (pp. 207–228). The Hague: Mouton. McNeill, D. (1992). *Hand and mind*. Chicago: University of Chicago Press. Kita, S. (1993). Language and thought interface: A study of spontaneous gestures and Japanese mimetics. Unpublished doctoral dissertation, University of Chicago. Nobe, S. (2000). Where do *most* spontaneous representational gestures actually occur with respect to speech? In D. McNeill (ed.), *Language and gesture* (pp. 186–198). New York: Cambridge University Press. Graziano, M., & Gullberg, M. (2018). When speech stops, gesture stops: Evidence from developmental and crosslinguistic comparisons. *Frontiers in Psychology*, June. doi: 10.3389/fpsyg.2018.00879. Mayberry, R. I., & Jaques, J. (2000). Gesture production during stuttered speech: Insights into the nature of speech-gesture integration. In D. McNeill (ed.), *Language and gesture* (pp. 199–214). Cambridge: Cambridge University Press.

7. Argyle, M. (1975). *Bodily communication*. New York: International Universities Press.

8. On gesture identifying us as liars, see Ekman, P., & Friesen, W. V. (1972). Hand movements. *Journal of Communication*, *22*, 353–374. On facial expressions telling us about others' minds, see Wu, Y., Schulz, L., Frank, M., & Gweon, H. (2021). Emotion as information in early social learning. *Current Directions in Psychological Science*, *30*(6), 468–475. doi: 10.1177/09637214211040779.

9. Kendon, A. (1980). Gesticulation and speech: Two aspects of the process of utterance. In M. R. Key (ed.), *Relationship of verbal and nonverbal communication* (pp. 207–228). The Hague: Mouton. McNeill, D. (1992). *Hand and mind*. Chicago: University of Chicago Press.

10. Beattie, G., & Shovelton, H. (1999). Do iconic hand gestures really contribute anything to the semantic information conveyed by speech? An experimental investigation. *Semiotica*, *123*, 1–30 (quote is on p. 5). Kendon, A. (1985). Some uses of gesture. In D. Tannen & M. Saville-Troike (eds.), *Perspectives on silence* (pp. 215–234, quote is on p. 225). Norwood, NJ: Ablex.

11. Piaget, J. (1965). *The child's conception of number*. New York: W. W. Norton and Company.

12. Church, R. B., & Goldin-Meadow, S. (1986). The mismatch between gesture and speech as an index of transitional knowledge. *Cognition*, *23*, 43–71.

13. Perry, M., Church, R. B., & Goldin-Meadow, S. (1988). Transitional knowledge in the acquisition of concepts. *Cognitive Development*, *3*, 359–400. Perry, M., Church, R. B., & Goldin-Meadow, S. (1992). Is gesture-speech mismatch a general index of transitional knowledge? *Cognitive Development*, 7(1), 109–122. Pine, K. J., Lufkin, N., & Messer, D. (2004). More gestures than answers: Children learning about balance. *Developmental Psychology*, *40*, 1059–1106. Gibson, D., Gunderson, E. A., Spaepen, E., Levine, S. C., & Goldin-Meadow, S. (2018). Number gestures predict learning of number words. *Developmental Science*, 22(3). doi: 10.1111/desc.12791.

14. Gershkoff-Stowe, L., & Smith, L. B. (1997). A curvilinear trend in naming errors as a function of early vocabulary growth. *Cognitive Psychology*, *34*, 37–71. Evans, M. A., & Rubin, K. H. (1979). Hand gestures as a communicative mode in school-aged children. *Journal of Genetic Psychology*, *135*, 189–196. Alibali, M. W., & DiRusso, A. A. (1999). The function of gesture in learning to count: More than keeping track. *Cognitive Development*, *14*, 37–56. Graham, T. A. (1999). The role of gesture in children's learning to count. *Journal of Experimental Child*

Psychology, *74*, 333–355. Gunderson, E. A., Spaepen, E., Gibson, D., Goldin-Meadow, S., & Levine, S. C. (2015). Gesture as a window onto children's number knowledge. *Cognition*, *144*, 14–28. doi: 10.1016/j.cognition.2015.07.008. Crowder, E. M., & Newman, D. (1993). Telling what they know: The role of gesture and language in children's science explanations. *Pragmatics and Cognition*, *1*, 341–376. Church, R. B., Schonert-Reichl, K., Goodman, N., Kelly, S. D., & Ayman-Nolley, S. (1995). The role of gesture and speech communication as reflections of cognitive understanding. *Journal of Contemporary Legal Issues*, *6*, 123–154. Garber, P., & Goldin-Meadow, S. (2002). Gesture offers insight into problem-solving in children and adults. *Cognitive Science*, *26*, 817–831. Stone, A., Webb, R., & Mahootian, S. (1992). The generality of gesture-speech mismatch as an index of transitional knowledge: Evidence from a control-of-variables task. *Cognitive Development*, *6*, 301–313. Schwartz, D. L., & Black, J. B. (1996). Shuttling between depictive models and abstract rules: Induction and fallback. *Cognitive Science*, *20*, 457–497. Morrell-Samuels, P., & Krauss, R. M. (1992). Word familiarity predicts temporal asynchrony of hand gestures and speech. *Journal of Experimental Psychology: Learning, Memory, and Cognition*, *18*, 615–622. Alibali, M. W., Bassok, M., Solomon, K. O., Syc, S. E., & Goldin-Meadow, S. (1999). Illuminating mental representations through speech and gesture. *Psychological Sciences*, *10*, 327–333. Beattie, G., & Shovelton, H. (1999). Do iconic hand gestures really contribute anything to the semantic information conveyed by speech? An experimental investigation. *Semiotica*, *123*, 1–30. McNeill, D. (1992). *Hand and mind*. Chicago: University of Chicago Press. Rauscher, F. H., Krauss, R. M., & Chen, Y. (1996). Gesture, speech, and lexical access: The role of lexical movements in speech production. *Psychological Science*, *7*, 226–231.

15. Lakshmi, A., Fiske, S. T., & Goldin-Meadow, S. (July 20, 2020). The communication of stereotype content through gestures. https://aspredicted.org/gt4ff.pdf.

16. Iverson, J. M., & Goldin-Meadow, S. (2005). Gesture paves the way for language development. *Psychological Science*, *16*, 368–371.

17. Ping, R., Church, R. B., Decatur, M-A., Larson, S. W., Zinchenko, E., & Goldin-Meadow, S. (2021). Unpacking the gestures of chemistry learners: What the hands tell us about correct and incorrect conceptions of stereochemistry. *Discourse Processes*, *58*(2), 213–232. doi: 10.1080/0163853X.2020.1839343.

18. On seamlessly integrating gesture and speech, see McNeill, D. (1992). *Hand and mind*. Chicago: University of Chicago Press. Kelly, S. D., Özyürek, A., & Maris, E. (2009). Two sides of the same coin: Speech and gesture mutually interact to enhance comprehension. *Psychological Science*, *21*(2), 260–267. doi: 10.1177/0956797609357327.

19. McNeill, D., Cassell, J., & McCullough, K.-E. (1994). Communicative effects of speech-mismatched gestures. *Research on Language and Social Interaction*, 27, 223–237.

20. Goldin-Meadow, S., Wein, D., & Chang, C. (1992). Assessing knowledge through gesture: Using children's hands to read their minds. *Cognition and Instruction*, *9*, 201–219. Alibali, M. W., Flevares, L., & Goldin-Meadow, S. (1997). Assessing knowledge conveyed in gesture: Do teachers have the upper hand? *Journal of Educational Psychology*, *89*, 183–193.

21. Geary, D. C. (1995). Reflections of evolution and culture in children's cognition: Implications for mathematical development and instruction. *American Psychologist*, *50*, 24–37.

22. Goldin-Meadow, S., & Sandhofer, C. M. (1999). Gesture conveys substantive information about a child's thoughts to ordinary listeners. *Developmental Science*, 2, 67–74. Morford, M., & Goldin-Meadow, S. (1992). Comprehension and production of gesture in combination with speech in one-word speakers. *Journal of Child Language*, *19*, 559–580. Kelly, S. D. (2001). Broadening the units of analysis in communication: Speech and nonverbal behaviours in pragmatic comprehension. *Journal of Child Language*, *28*, 325–349. Kelly, S. D., & Church, R. B. (1997). Can children detect conceptual information conveyed through other children's nonverbal behaviors? *Cognition and Instruction*, *15*, 107–134. Kelly, S. D., & Church, R. B. (1998). A comparison between children's and adults' ability to detect conceptual information conveyed through representational gestures. *Child Development*, *69*, 85–93.

23. Goldin-Meadow, S., & Singer, M. A. (2003). From children's hands to adults' ears: Gesture's role in teaching and learning. *Developmental Psychology*, *39*(3), 509–520. Goldin-Meadow, S., Kim, S., & Singer, M. (1999). What the teacher's hands tell the student's mind about math. *Journal of Educational Psychology*, *91*, 720–730.

24. Singer, M. A., & Goldin-Meadow, S. (2005). Children learn when their teachers' gestures and speech differ. *Psychological Science*, *16*, 85–89.

第3章 手可以改变我们的思维

1. McNeil, N. M., Alibali, M. W., & Evans, J. L. (2000). The role of gesture in children's comprehension of spoken language: Now they need it, now they don't. *Journal of Nonverbal Behavior*, *24*(2), 131–150. https://doi.org/10.1023/A:1006657929803; see also Perry, M., Berch, D., & Singleton, J. (1995). Constructing shared understanding: The role of nonverbal input in learning contexts. *Journal of Contemporary Legal Issues*, *6*, 213–235. Valenzeno, L., Alibali, M. W., & Klatzky, R. (2003). Teachers' gestures facilitate students' learning: A lesson in symmetry. *Contemporary Educational Psychology*, *28*(2), 187–204.

2. Church, R. B., Ayman-Nolley, S., & Mahootian, S. (2004). The role of gesture in bilingual education: Does gesture enhance learning? *International Journal of Bilingual Education and Bilingualism*, *7*(4), 303–319. doi: 10.1080/13670050408667815.

3. Singer, M. A., & Goldin-Meadow, S. (2005). Children learn when their teachers' gestures and speech differ. *Psychological Science*, *16*, 85–89.

4. Congdon, E. L., Novack, M. A., Brooks, N., Hemani-Lopez, N., O'Keefe, L., & Goldin-Meadow, S. (2017). Better together: Simultaneous presentation of speech and gesture in math instruction supports generalization and retention. *Learning and Instruction*, *50*, 65–74. doi: 10.1016/j.learninstruc.2017.03.005.

5. On the benefits of providing more than one problem-solving strategy, see Woodward, J., Beckman, S., Driscoll, M., Franke, M., Herzig, P., Jitendra, A., Koedinger, K. R., & Ogbuehi, P. (2018). *Improving mathematical problem solving in grades 4 through 8* (NCEE 2012–4055). US Department of Education, Institute of Education Sciences, National Center for Education Evaluation and Regional Assistance. https://ies.ed.gov/ncee/wwc/PracticeGuide/16. On teachers adjusting their input to student gesture, which helps them learn, see Goldin-Meadow, S., & Singer, M. A. (2003). From children's hands to adults' ears: Gesture's role in teaching and learning. *Developmental Psychology*, *39*(3), 509–520. Singer, M. A., & Goldin-Meadow, S. (2005). Children learn when their teachers' gestures and speech differ. *Psychological Science*, *16*, 85–89.

6. Iverson, J. M., & Goldin-Meadow, S. (2005). Gesture paves the way for language development. *Psychological Science*, *16*, 367–371. Goldin-Meadow, S., Goodrich, W., Sauer, E., & Iverson, J. (2007). Young children use their hands to tell their mothers what to say. *Developmental Science*, *10*, 778–785.

7. Newell, A., & Simon, H. A. (1972). *Human problem-solving.* Englewood Cliffs, NJ: Prentice Hall.

8. Beilock, S. L., & Goldin-Meadow, S. (2010). Gesture grounds thought in action. *Psychological Science, 21*, 1605–1610. Goldin-Meadow, S., & Beilock, S. L. (2010). Action's influence on thought: The case of gesture. *Perspectives on Psychological Science, 5*, 664–674. Trofatter, C., Kontra, C., Beilock, S., & Goldin-Meadow, S. (2015). Gesturing has a larger impact on problem-solving than action, even when action is accompanied by words. *Language, Cognition and Neuroscience, 30*(3), 251–260. doi: 10.1080/23273798.2014.905692.

9. Pine, K. J., Lufkin, N., & Messer, D. (2004). More gestures than answers: Children learning about balance. *Developmental Psychology, 40*, 1059–1106. Schwartz, D. L., & Black, J. B. (1996). Shuttling between depictive models and abstract rules: Induction and fallback. *Cognitive Science, 20*, 457–497. Cook, S. W., & Tanenhaus, M. K. (2009). Embodied communication: Speakers' gestures affect listeners' actions. *Cognition, 113*(1), 98–104. doi: 10.1016/j.cognition.2009.06.006. Stevanoni, E., & Salmon, K. (2005). Giving memory a hand: Instructing children to gesture enhances their event recall. *Journal of Nonverbal Behavior, 29*(4), 217–233.

10. Alibali, M., Spencer, R. S., Knox, L., & Kita, S. (2011). Spontaneous gestures influence strategy choices in problem solving. *Psychological Science, 22*(9), 1138–1144. doi: 10.1177/0956797611417722.

11. Bates, E., Benigni, L., Bretherton, I., Camaioni, L., & Volterra, V. (1979). *The emergence of symbols: Cognition and communication in infancy.* New York: Academic Press. Acredolo, L. P., & Goodwyn, S. W. (1988). Symbolic gesturing in normal infants. *Child Development, 59*, 450–466. Iverson, J. M., & Goldin-Meadow, S. (2005). Gesture paves the way for language development. *Psychological Science, 16*, 368–371. Rowe, M. L., & Goldin-Meadow, S. (2009). Differences in early gesture explain SES disparities in child vocabulary size at school entry. *Science, 323*, 951–953. Rowe, M. L., & Goldin-Meadow, S. (2009). Early gesture selectively predicts later language learning. *Developmental Science, 12*, 182–187.

12. LeBarton, E. S., Raudenbush, S., & Goldin-Meadow, S. (2015). Experimentally-induced increases in early gesture lead to increases in spoken vocabulary. *Journal of Cognition and Development, 16*(2), 199–220. doi 10.1080/15248372.2013.858041.

13. Wakefield, E. M., Hall, C., James, K. H., & Goldin-Meadow, S. (2018). Gesture for generalization: Gesture facilitates flexible learning

of words for actions on objects, *Developmental Science*, *21*(5), e12656. doi 10.1111/desc.12656.

14. Cook, S. W., Mitchell, Z., & Goldin-Meadow, S. (2008). Gesturing makes learning last. *Cognition*, *106*, 1047–1058. Goldin-Meadow, S., Cook, S. W., & Mitchell, Z. A. (2009). Gesturing gives children new ideas about math. *Psychological Science*, *20*(3), 267–272.

15. Broaders, S., Cook, S. W., Mitchell, Z., & Goldin-Meadow, S. (2007). Making children gesture brings out implicit knowledge and leads to learning. *Journal of Experimental Psychology: General*, *136*(4), 539–550.

16. Nunez, R., & Sweetser, E. (2006). With the future behind them: Convergent evidence from Aymara language and gesture in the cross-linguistic comparison of spatial construals of time. *Cognitive Science*, *30*, 401–450.

17. Jamalian, A., & Tversky, B. (2012). Gestures alter thinking about time. In N. Miyake, D. Peebles, & R. P. Cooper (eds.), *Proceedings of the 34th Annual Conference of the Cognitive Science Society* (pp. 551–557). Austin, TX: Cognitive Science Society.

18. On training moral reasoning, see Walker, L., & Taylor, J. (1991). Stage transitions in moral reasoning: A longitudinal study of developmental processes. *Developmental Psychology*, *27*, 330–337. On using gesture to teach moral reasoning, see Beaudoin-Ryan, L., & Goldin-Meadow, S. (2014). Teaching moral reasoning through gesture. *Developmental Science*, *17*(6), 984–990. doi: 10.1111/desc.12180.

19. Carrazza, C., Wakefield, E. M., Hemani-Lopez, N., Plath, K., & Goldin-Meadow, S. (2021). Children integrate speech and gesture across a wider temporal window than speech and action: A case for why gesture helps learning. *Cognition*, *210*, 104604. doi: 10.1016/j.cognition.2021.104604.

第 4 章 有人的地方就有语言

1. Edwards, T., & Brentari, D. (2020). Feeling phonology: The conventionalization of phonology in protactile communities in the United States. *Language*, *96*(4), 819–840.

2. Klima, E., & Bellugi, U. (1979). *The signs of language*. Cambridge, MA: Harvard University Press. Perniss, P. M., Pfau, R., & Steinbach, M. (eds). (2007). *Visible variation: Comparative studies on sign language*

structure. New York: Mouton De Gruyter. Brentari, D. (ed.). (2012). *Sign languages*. New York: Cambridge University Press.

3. Novack, M. A., Brentari, D., Goldin-Meadow, S., & Waxman, S. (2021). *Cognition*, *215*. doi: 10.1016/j.cognition.2021.104845.

4. Goldin-Meadow, S., & Brentari, D. (2017). Gesture, sign and language: The coming of age of sign language and gesture studies. *Behavioral and Brain Sciences*, *40*, e46. doi: 10.1017/S0140525X15001247.

5. On deaf children acquiring sign language naturally, see Lillo-Martin, D. (2009). Sign language acquisition studies. In E. Bavin (ed.). *The Cambridge handbook of child language* (pp. 399–415). Cambridge: Cambridge University Press. Newport, E. L., & Meier, R. P. (1985). *The acquisition of American Sign Language*. In D. I. Slobin (ed.), *The cross-linguistic study of language acquisition*, Vol. 1: *The data* (pp. 881–938). Mahwah, NJ: Lawrence Erlbaum Associates. Petitto, L. A., & Marentette, P. F. (1991). Babbling in the manual mode: Evidence for the ontogeny of language. *Science*, *251*, 1493–1496. Petitto, L. (2000). The acquisition of natural signed languages: Lessons in the nature of human language and its biological foundations. In C. Chamberlain, J. P. Morford, & R. Mayberry (eds.), *Language Acquisition by Eye* (pp. 41–50). Mahwah, NJ: Lawrence Erlbaum Associates.

6. Mitchell, R. E., & Karchmer, M. A. (2004). Chasing the mythical ten percent: Parental hearing status of deaf and hard of hearing students in the United States. *Sign Language Studies*, *4*(2), 138–163. doi: 10.1353/sls.2004.0005. Summerfield, A. Q. (1983). Audio-visual speech perception, lipreading and artificial stimulation. In M. E. Lutman & M. P. Haggard (eds.), *Hearing science and hearing disorders* (pp. 132–179). New York: Academic Press.

7. Goldin-Meadow, S. (2020). Discovering the biases children bring to language learning. *Child Development Perspectives*, *14*(4), 195–201.

8. Goldin-Meadow, S., & Feldman, H. (1977). The development of language-like communication without a language model. *Science*, *197*, 401–403. Feldman, H., Goldin-Meadow, S., & Gleitman, L. (1978). Beyond Herodotus: The creation of a language by linguistically deprived deaf children. In A. Lock (ed.), *Action, symbol, and gesture: The emergence of language*, 351–414. New York: Academic Press. Goldin-Meadow, S. (1979). Structure in a manual communication system developed without a conventional language model: Language without a helping hand. In H. Whitaker & H. A. Whitaker (eds.), *Studies in Neurolinguistics*, Vol. 4 (pp. 125–207). New York: Academic Press. Goldin-Meadow, S.,

& Mylander, C. (1984). Gestural communication in deaf children: The effects and non-effects of parental input on early language development. *Monographs of the Society for Research in Child Development*, 49 (3–4), 1–151, chaps. 2 and 3. Goldin-Meadow, S., Mylander, C., & Butcher, C. (1995). The resilience of combinatorial structure at the word level: Morphology in self-styled gesture systems. *Cognition*, *56*, 195–262. Goldin-Meadow, S. (2003). *The resilience of language: What gesture creation in deaf children can tell us about how all children learn language*. New York: Psychology Press.

9. Goldin-Meadow, S., Butcher, C., Mylander, C., & Dodge, M. (1994). Nouns and verbs in a self-styled gesture system: What's in a name? *Cognitive Psychology*, *27*, 259–319.

10. Hunsicker, D., & Goldin-Meadow, S. (2012). Hierarchical structure in a self-created communication system: Building nominal constituents in homesign. *Language*, *88*(4), 732–763.

11. Greenfield, P. M., & Savage-Rumbaugh, E. S. (1991). Imitation, grammatical development, and the invention of protogrammar by an ape. In N. A. Krasnegor, D. M. Rumbaugh, R. L. Schiefelbusch, & M. Studdert-Kennedy (eds.), *Biological and behavioral determinants of language development* (pp. 235–262). Hillsdale, NJ: Lawrence Erlbaum Associates.

12. Franklin, A., Giannakidou, A., & Goldin-Meadow, S. (2011). Negation, questions, and structure building in a homesign system. *Cognition*, *118*(3), 398–416.

13. Phillips, S. B. V. D., Goldin-Meadow, S., & Miller, P. J. (2001). Enacting stories, seeing worlds: Similarities and differences in the cross-cultural narrative development of linguistically isolated deaf children. *Human Development*, *44*, 311–336.

14. On Chinese hearing parents interacting differently with their children than American hearing parents, see Wu, D. Y. H. (1985). Child training in Chinese culture. In W.-S. Tseng, & D. Y. H. Wu (eds.), *Chinese culture and mental health* (pp. 113–134). New York: Academic Press. Chen, C., & Uttal, D. H. (1988). Cultural values, parents' beliefs, and children's achievement in the United States and China. *Human Development*, *31*, 351–358. Lin, C.-Y. C., & Fu, V. R. (1990). A comparison of child-rearing practices among Chinese, immigrant Chinese, and Caucasian-American parents. *Child Development*, *61*, 429–433. On Chinese hearing mothers gesturing more than American hearing mothers, see Goldin-Meadow, S., & Saltzman, J. (2000). The cultural

bounds of maternal accommodation: How Chinese and American mothers communicate with deaf and hearing children. *Psychological Science*, *11*, 311–318. On similarities in homesign in the United States, Turkey, and Nicaragua, see Goldin-Meadow, S., Özyürek, A., Sancar, B., & Mylander, C. (2009). Making language around the globe: A cross-linguistic study of homesign in the United States, China, and Turkey. In J. Guo, E. Lieven, N. Budwig & S. Ervin-Tripp (eds.), *Crosslinguistic approaches to the psychology of language: Research in the tradition of Dan Isaac Slobin* (pp. 27–39). New York: Taylor & Francis. Goldin-Meadow, S., Namboodiripad, S., Mylander, C., Özyürek, A., & Sancar, B. (2015). The resilience of structure built around the predicate: Homesign gesture systems in Turkish and American deaf children. *Journal of Cognition and Development*, *16*, 55–88. doi: 10.1080/15248372.2013.803970. Flaherty, M., Hunsicker, D., & Goldin-Meadow, S. (2021). Structural biases that children bring to language-learning: A cross-cultural look at gestural input to homesign. *Cognition*, *211*, 104608. doi: 10.1016/j.cognition.2021.104608.

15. On similarities in homesign in the United States and China, see Zheng, M., & Goldin-Meadow, S. (2002). Thought before language: How deaf and hearing children express motion events across cultures. *Cognition*, *85*, 145–175. Goldin-Meadow, S., & Mylander, C. (1998). Spontaneous sign systems created by deaf children in two cultures. *Nature*, *391*, 279–281. Goldin-Meadow, S., Mylander, C., & Franklin, A. (2007). How children make language out of gesture: Morphological structure in gesture systems developed by American and Chinese deaf children. *Cognitive Psychology*, *55*, 87–135. Goldin-Meadow, S., Gelman, S., & Mylander, C. (2005). Expressing generic concepts with and without a language model. *Cognition*, *96*, 109–126.

16. Miller, P. J., Fung, H., & Mintz, J. (1996). Self-construction through narrative practices: A Chinese and American comparison of early socialization. *Ethos*, *24*(2), 237–280.

17. Phillips, S. B. V. D., Goldin-Meadow, S., & Miller, P. J. (2001). Enacting stories, seeing worlds: Similarities and differences in the cross-cultural narrative development of linguistically isolated deaf children. *Human Development*, *44*, 311–336.

18. On the prevalence of gesturing in speakers, see Kendon, A. (1980). Gesticulation and speech: Two aspects of the process of utterance. In M. R. Key (ed.), *Relationship of verbal and nonverbal communication* (pp. 207–228). The Hague: Mouton. McNeill, D. (1992). *Hand and*

mind. Chicago: University of Chicago Press. Feyereisen, P., & de Lannoy, J.-D. (1991). *Gestures and speech: Psychological investigations*. Cambridge: Cambridge University Press. Goldin-Meadow, S. (2003). *Hearing gesture: How our hands help us think*. Cambridge, MA: Harvard University Press.

19. On emblems, see Ekman, P., & Friesen, W. (1969). The repertoire of nonverbal behavior: Categories, origins, usage, and coding. *Semiotica*, *1*, 49–98.

20. On iconic gestures, see Wang, X.-L., Mylander, C., & Goldin-Meadow, S. (1993). Language and environment: A cross-cultural study of the gestural communication systems of Chinese and American deaf children. *Belgian Journal of Linguistics*, *8*, 167–185. Wang, X.-L., Mylander, C., & Goldin-Meadow, S. (1995). The resilience of language: Mother-child interaction and its effect on the gesture systems of Chinese and American deaf children. In K. Emmorey & J. Reilly (eds.), *Language, gesture, and space* (pp. 411–433). Hillsdale, NJ: Lawrence Erlbaum Associates.

21. On hearing English speakers producing one gesture per clause, see McNeill, D. (1992). *Hand and mind*. Chicago: University of Chicago Press. On the differences between homesign and hearing parents' gestures, see Goldin-Meadow, S., & Mylander, C. (1983). Gestural communication in deaf children: Non-effect of parental input on language development. *Science*, *221*(4608), 372–374. Goldin-Meadow, S., & Mylander, C. (1984). Gestural communication in deaf children: The effects and non-effects of parental input on early language development. *Monographs of the Society for Research in Child Development*, *49*(3–4), 1–151, chaps. 4 and 5. Goldin-Meadow, S., Mylander, C., & Butcher, C. (1995). The resilience of combinatorial structure at the word level: Morphology in self-styled gesture systems. *Cognition*, *56*, 195–262. Zheng, M., & Goldin-Meadow, S. (2002). Thought before language: How deaf and hearing children express motion events across cultures. *Cognition*, *85*, 145–175.

22. On how hearing parents respond to their hearing children, see Brown, R., & Hanlon, C. (1970). Derivational complexity and order of acquisition in child speech. In J. R. Hayes (ed.), *Cognition and the development of language* (pp. 11–53). New York: Wiley.

23. On similarities in how hearing parents respond to deaf versus hearing children's communications, see Goldin-Meadow, S., & Mylander, C. (1984). Gestural communication in deaf children: The effects

and non-effects of parental input on early language development. *Monographs of the Society for Research in Child Development*, *49*(3–4), 1–151, chap. 6.

24. Pica, P., Lemer, C., Izard, V., & Dehaene, S. (2004). Exact and approximate arithmetic in an Amazonian indigene group. *Science*, *306*, 499–503. Gordon, P. (2004). Numerical cognition without words: Evidence from Amazonia. *Science*, *306*, 496–499. Frank, M. C., Everett, D. L., Fedorenko, E., & Gibson, E. (2008). Number as a cognitive technology: Evidence from Pirahã language and cognition. *Cognition*, *108*, 819–824.

25. Gelman, R., & Butterworth, B. (2005). Number and language: How are they related? *Trends in Cognitive Science*, *9*, 6–10.

26. On the absence of large exact numbers in homesigning adults, see Spaepen, E., Coppola, M., Spelke, E., Carey, S., & Goldin-Meadow, S. (2011). Number without a language model. *Proceedings of the National Academy of Sciences of the United States of America*, *108*(8), 3163–3168. Spaepen, E., Coppola, M., Flaherty, M., Spelke, E., & Goldin-Meadow, S. (2013). Generating a lexicon without a language model: Do words for number count? *Journal of Memory and Language*, *69*(4), 496–505. doi: 10.1016/j.jml.2013.05.004. On the absence of large exact numbers in homesigning children, see Abner, N., Namboodiripad, S., Spaepen, E., & Goldin-Meadow, S. (2021). Emergent morphology in child homesign: Evidence from number language. *Language Learning and Development*, *18*(1), 16–40. doi: 10.1080/15475441.2021.1922281. Coppola, M., Spaepen, E., & Goldin-Meadow, S. (2013). Communicating about quantity without a language model: Number devices in homesign grammar. *Cognitive Psychology*, *67*, 1–25. doi: 10.1016/j.cogpsych.2013.05.003.

第 5 章 自然生长的语言，人为培养的语言

1. Brentari, D., & Goldin-Meadow, S. (2017). Language emergence. *Annual Review of Linguistics*, 3, 363–388. doi: 10.1146/annurev-linguistics-011415-040743. Fusellier-Souza, I. (2006). Emergence and development of sign languages: From a semiogenetic point of view. *Sign Language Studies*, *7*(1), 3–56. Kegl, J. (1994). The Nicaraguan Sign Language project: An overview. *Signpost*, *7*, 24–31. Kegl, J., Senghas, A., & Coppola, M. (1999). Creation through contact: Sign language

emergence and sign language change in Nicaragua. In M. DeGraff (ed.), *Language creation and language change: Creolization, diachrony, and development* (pp. 179–237). Cambridge, MA: MIT.

2. Polich, L. (2005). *The emergence of the deaf community in Nicaragua: "With sign language you can learn so much."* Washington, DC: Gallaudet University Press.

3. Gleitman, L. R., Senghas, A., Flaherty, M., Coppola, M., & Goldin-Meadow, S. (2019). The emergence of a formal category "symmetry" in a new sign language. *Proceedings of the National Academy of Sciences of the United States of America, 116*(24), 11705–11711. doi: 10.1073/pnas.1819872116.

4. Goldin-Meadow, S., Brentari, D., Coppola, M., Horton, L., & Senghas, A. (2015). Watching language grow in the manual modality: Nominals, predicates, and handshapes. *Cognition, 135*, 381–395. doi: 10.1016/j.cognition.2014.11.029.

5. Rissman, L., Horton, L., Flaherty, M., Senghas, A., Coppola, M., Brentari, D., & Goldin-Meadow, S. (2020). The communicative importance of agent-backgrounding: Evidence from homesign and Nicaraguan Sign Language. *Cognition, 203*. doi: 10.1016/j.cognition.2020.104332.

6. Kirby, S., Tamariz, M., Cornish, H., & Smith, K. (2015). Compression and communication in the cultural evolution of linguistic structure. *Cognition, 141*, 87–102.

7. Fay, N., Lister, C., Ellison, T. M., & Goldin-Meadow, S. (2014). Creating a communication system from scratch: Gesture beats vocalization hands down. *Frontiers in Psychology (Language Sciences), 5*, 354. doi: 10.3389/fpsyg.2014.00354.

8. Goldin-Meadow, S., McNeill, D., & Singleton, J. (1996). Silence is liberating: Removing the handcuffs on grammatical expression in the manual modality. *Psychological Review, 103*, 34–55.

9. Gershkoff-Stowe, L., & Goldin-Meadow, S. (2002). Is there a natural order for expressing semantic relations? *Cognitive Psychology, 45*(3), 375–412.

10. On silent gesturers using the same gesture orders and the same transparency orders, no matter what language they speak, see Goldin-Meadow, S., So, W.-C., Özyürek, A., & Mylander, C. (2008). The natural order of events: How speakers of different languages represent events nonverbally. *Proceedings of the National Academy of Sciences of the United States of America, 105*(27), 9163–9168. On the replicability of the silent gesture effect across languages, see Langus, A., & Nespor, M.

(2010). Cognitive systems struggling for word order. *Cognitive Psychology*, *60*(4), 291–318. doi: 10.1016/j.cogpsych.2010.01.004. Gibson, E., Piantadosi, S. T., Brink, K., Bergen, L., Lim, E., & Saxe, R. (2013). A noisy-channel account of crosslinguistic word order variation. *Psychological Science*, *24*(7), 1079–1088. Hall, M. L., Mayberry, R. I., & Ferreira, V. S. (2013). Cognitive constraints on constituent order: Evidence from elicited pantomime. *Cognition*, *129*(1), 1–17. Hall, M. L., Ferreira, V. S., & Mayberry, R. I. (2014). Investigating constituent order change with elicited pantomime: A functional account of SVO emergence. *Cognitive Science*, *38*(5), 943–972. Meir, I., Aronoff, M., Börstell, C., Hwang, S. O., Ilkbasaran, D., Kastner, I., Lepic, R., Ben-Basat, A., Padden, C., & Sandler, W. (2017). The effect of being human and the basis of grammatical word order: Insights from novel communication systems and young sign languages. *Cognition*, *158*, 189–207.

11. Özçalışkan, Ş., Lucero, C., & Goldin-Meadow, S. (2016). Does language shape silent gesture? *Cognition*, *148*, 10–18. doi: 10.1016/j.cognition.2015.12.001.

12. Bohn, M., Kachel, G., & Tomasello, M. (2019). Young children spontaneously recreate core properties of language in a new modality. *Proceedings of the National Academy of Sciences of the United States of America*, *116*(51), 26072–26077. doi: 10.1073/pnas.1904871116.

13. Schouwstra, M., & de Swart, H. (2014). The semantic origins of word order. *Cognition*, *131*(3), 431–436.

14. On moving from the lab to a natural situation of language emergence, see Flaherty, M., & Schouwstra, M. (2023). Validating lab studies of silent gesture with a naturally emerging sign language: How order is used to describe intensional vs. extensional events. *Topics in Cognitive Science*, in press.

15. Abner, N., Flaherty, M., Stangl, K., Coppola, M., Brentari, D., & Goldin-Meadow, S. (2019). The noun-verb distinction in established and emergent sign systems. *Language*, *95*(2), 230–267. doi: 10.1353/lan.2019.0030.

16. On moving from language emergence in a natural situation to the lab, see Motamedi, Y., Montemurro, K., Abner, N., Flaherty, M., Kirby, S., & Goldin-Meadow, S. (2022). The seeds of the noun-verb distinction in the manual modality: Improvisation and interaction in the emergence of grammatical categories. *Languages*, 7, 95. doi: 10.3390/languages7020095.

第6章 用手育儿

1. On hearing children's gestures, see Bates, E. (1976). *Language and context: The acquisition of pragmatics*. New York: Academic Press. Bates, E., Benigni, L., Bretherton, I., Camaioni, L., & Volterra, V. (1979). *The emergence of symbols: Cognition and communication in infancy*. New York: Academic Press. Iverson, J. M., Capirci, O., & Caselli, M. S. (1994). From communication to language in two modalities. *Cognitive Development*, *9*, 23–43. Özçalışkan, Ş., & Goldin-Meadow, S. (2011). Is there an iconic gesture spurt at 26 months? In G. Stam & M. Ishino (eds.), *Integrating gestures: The interdisciplinary nature of gesture* (pp. 163–174). Amsterdam: John Benjamins.

2. On early gestures predicting later vocabulary, see Acredolo, L. P., & Goodwyn, S. W. (1988). Symbolic gesturing in normal infants. *Child Development*, *59*, 450–466. Rowe, M. L., & Goldin-Meadow, S. (2009). Differences in early gesture explain SES disparities in child vocabulary size at school entry. *Science*, *323*, 951–953. Özçalışkan, Ş., Gentner, D., & Goldin-Meadow, S. (2014). Do iconic gestures pave the way for children's early verbs? *Applied Psycholinguistics*, *35*(6), 1143–1162. doi: 10.1017/S0142716412000720. Rowe, M., Özçalışkan, Ş., & Goldin-Meadow, S. (2008). Learning words by hand: Gesture's role in predicting vocabulary development. *First Language*, *28*, 185–203.

3. On hearing children not combining gestures, see Goldin-Meadow, S., & Morford, M. (1985). Gesture in early child language: Studies of deaf and hearing children. *Merrill-Palmer Quarterly*, *31*(2), 145–176. On the gestures in children's earliest gesture + speech combinations complementing speech, see Capirci, O., Iverson, J. M., Pizzuto, E., & Volterra, V. (1996). Communicative gestures during the transition to two-word speech. *Journal of Child Language*, *23*, 645–673. de Laguna, G. (1927). *Speech: Its function and development*. Bloomington: Indiana University Press. Greenfield, P., & Smith, J. (1976). *The structure of communication in early language development*. New York: Academic Press. Guillaume, P. (1927). Les debuts de la phrase dans le langage de l'enfant. *Journal de Psychologie*, 24, 1–25. On the onset of complementary gesture + speech combinations predicting the onset of determiner + noun combinations, see Cartmill, E. A., Hunsicker, D., & Goldin-Meadow, S. (2014). Pointing and naming are not redundant: Children use gesture to modify nouns before they modify nouns in speech. *Developmental Psychology*, *50*(6), 1660–1666. doi: 10.1037/a0036003.

4. On gesture + speech combinations that supplement speech, see Goldin-Meadow, S., & Morford, M. (1985). Gesture in early child language: Studies of deaf and hearing children. *Merrill-Palmer Quarterly*, *31*(2), 145–176. Greenfield, P., & Smith, J. (1976). *The structure of communication in early language development*. New York: Academic Press. Masur, E. F. (1982). Mothers' responses to infants' object-related gestures: Influences on lexical development. *Journal of Child Language*, *9*, 23–30. Masur, E. F. (1983). Gestural development, dual-directional signaling, and the transition to words. *Journal of Psycholinguistic Research* 12: 93–109. Morford, M., & Goldin-Meadow, S. (1992). Comprehension and production of gesture in combination with speech in one-word speakers. *Journal of Child Language*, *19*, 559–580. On the onset of supplementary gesture + speech combinations predicting the onset of sentences, see Goldin-Meadow, S., & Butcher, C. (2003). Pointing toward two-word speech in young children. In S. Kita (ed.), *Pointing: Where language, culture, and cognition meet* (pp. 85–107). Mahwah, NJ: Lawrence Erlbaum Associates. Iverson, J. M., Capirci, O., Volterra, V., & Goldin-Meadow, S. (2008). Learning to talk in a gesture-rich world: Early communication of Italian vs. American children. *First Language*, *28*, 164–181. Iverson, J. M., & Goldin-Meadow, S. (2005). Gesture paves the way for language development. *Psychological Science*, *16*, 367–371.

5. Rowe, M. L., & Goldin-Meadow, S. (2009). Early gesture selectively predicts later language learning. *Developmental Science*, *12*, 182–187.

6. Özçalışkan, Ş., & Goldin-Meadow, S. (2005). Gesture is at the cutting edge of early language development. *Cognition*, *96*, B01–113.

7. On gesture taking a character's perspective and predicting the structure of later stories, see McNeill, D. (1992). *Hand and mind*. Chicago: University of Chicago Press. Demir, O. E., Levine, S., & Goldin-Meadow, S. (2015). A tale of two hands: Children's gesture use in narrative production predicts later narrative structure in speech. *Journal of Child Language*, *42*(3), 662–681.

8. On integrating gesture and speech in comprehension, see Morford, M., & Goldin-Meadow, S. (1992). Comprehension and production of gesture in combination with speech in one-word speakers. *Journal of Child Language*, *19*, 559–580.

9. On integrating gesture and speech in comprehension, see Morford, M., & Goldin-Meadow, S. (1992). Comprehension and production of gesture in combination with speech in one-word speakers. *Journal of Child Language*, *19*, 559–580.

10. On brain structures underlying gesture-speech integration, see Dick, A. S., Goldin-Meadow, S., Hasson, U., Skipper, J., & Small, S. L. (2009). Co-speech gestures influence neural activity in brain regions associated with processing semantic information. *Human Brain Mapping*, *30*(11), 3509–3526. doi: 10.1002/hbm.20774.

11. Demir-Lira, Ö. E., Asaridou, S. S., Beharelle, A. R., Holt, A. E., Goldin-Meadow, S., & Small, S. L. (2018). Functional neuroanatomy of gesture-speech integration in children varies with individual differences in gesture processing. *Developmental Science*, *21*(5), e12648. doi: 10.1111/desc.12648.

12. On teachable moments, see Havighurst, R. J. (1953). *Human development and education*. New York: Longmans, Green.

13. Golinkoff, R. M. (1986). "I beg your pardon?": The preverbal negotiation of failed messages. *Journal of Child Language*, *13*, 455–476. Shwe, H. I., & Markman, E. M. (1997). Young children's appreciation of the mental impact of their communicative signals. *Developmental Psychology*, *33*, 630–636.

14. On adults reacting to others' gestures and recasting them into speech, see Beattie, G., & Shovelton, H. (1999). Mapping the range of information contained in the iconic hand gestures that accompany spontaneous speech. *Journal of Language and Social Psychology*, *18*, 438–462. Driskell, J. E., & Radtke, P. H. (2003). The effect of gesture on speech production and comprehension. *Human Factors*, *45*, 445–454. Goldin-Meadow, S., Kim, S., & Singer, M. (1999). What the teacher's hands tell the student's mind about math. *Journal of Educational Psychology*, *91*, 720–730. Goldin-Meadow, S., & Sandhofer, C. M. (1999). Gesture conveys substantive information about a child's thoughts to ordinary listeners. *Developmental Science*, *2*, 67–74. Goldin-Meadow, S., & Singer, M. A. (2003). From children's hands to adults' ears: Gesture's role in teaching and learning. *Developmental Psychology*, *39*(3), 509–520. McNeill, D., Cassell, J., & McCullough, K.-E. (1994). Communicative effects of speech-mismatched gestures. *Research on Language and Social Interaction*, *27*, 223–237. Thompson, L. A., & Massaro, D. W. (1986). Evaluation and integration of speech and pointing gestures during referential understanding. *Journal of Experimental Child Psychology*, *42*, 144–168. On mothers responding to their children's gestures and translating them into words, see Golinkoff, R. M. (1986). "I beg your pardon?": The preverbal negotiation of failed messages. *Journal of Child Language*, *13*, 455–476.

15. On mothers' responses to children's points without speech, see Goldin-Meadow, S., Goodrich, W., Sauer, E., & Iverson, J. (2007). Young children use their hands to tell their mothers what to say. *Developmental Science*, *10*, 778–785.

16. Olson, J., & Masur, E. (2015). Mothers' labeling responses to infants' gestures predict vocabulary outcomes. *Journal of Child Language*, *1*(6), 1–23. doi: 10.1017/S0305000914000828.

17. On mothers' responses to children's gesture + speech combinations, see Goldin-Meadow, S., Goodrich, W., Sauer, E., & Iverson, J. (2007). Young children use their hands to tell their mothers what to say. *Developmental Science*, *10*, 778–785.

18. Kovacs, A. M., Tauzin, T., Teglas, E., György, G., & Csibra, G. (2014). Pointing as epistemic request: 12-month-olds point to receive new information. *Infancy*, *19*(6), 534–557. doi: 10.1111/infa.12060. Begus, K., & Southgate, V. (2012). Infant pointing serves an interrogative function. *Developmental Science*, *15*(5), 611–617. Lucca, K., & Wilbourn, M. P. (2016). Communicating to learn: Infants' pointing gestures result in optimal learning. *Child Development*, *89*(3), 941–960.

19. On the size of a child's vocabulary on entering school predicting school success, see Anderson, R. C., & Freebody, P. (1981). Vocabulary knowledge. In J. Guthrie (ed.), *Comprehension and teaching: Research reviews* (pp. 77–117). Newark, DE: International Reading Association. On early gesture predicting later vocabulary, see Rowe, M. L., & Goldin-Meadow, S. (2009). Differences in early gesture explain SES disparities in child vocabulary size at school entry. *Science*, *323*, 951–953.

20. LeBarton, E. S., Raudenbush, S., & Goldin-Meadow, S. (2015). Experimentally-induced increases in early gesture lead to increases in spoken vocabulary. *Journal of Cognition and Development*, *16*(2), 199–220. doi 10.1080/15248372.2013.858041.

21. Goodwyn, S., Acredolo, L., & Brown, C. (2000). Impact of symbolic gesturing on early language development. *Journal of Nonverbal Behavior*, *24*(2), 81–103. doi: 10.1023/A:1006653828895. Acredolo, L., & Goodwyn, S. (2002). *Baby signs: How to talk with your baby before your baby can talk*. New York: McGraw-Hill.

22. Johnston, J. C., Durieux-Smith, A., & Bloom, K. (2005). Teaching gestural signs to infants to advance child development: A review of the evidence. *First Language*, *25*(2), 235–251. doi: 10.1177/0142723705050340. Kirk, E., Howlett, N., Pine, K. J., &

Fletcher, B. (2013). To sign or not to sign? The impact of encouraging infants to gesture on infant language and maternal mind-mindedness. *Child Development*, *84*, 574–590. doi: 10.1111/j.1467-8624.2012.01874.x.

23. On teaching learners gesture to help them get more out of a lesson, see Carrazza, C., Wakefield, E. M., Hemani-Lopez, N., Plath, K., & Goldin-Meadow, S. (2021). Children integrate speech and gesture across a wider temporal window than speech and action: A case for why gesture helps learning. *Cognition*, *210*, 104604. doi: 10.1016/j.cognition.2021.104604. Cook, S. W., Mitchell, Z., & Goldin-Meadow, S. (2008). Gesturing makes learning last. *Cognition*, *106*, 1047–1058. Goldin-Meadow, S., Cook, S. W., & Mitchell, Z. A. (2009). Gesturing gives children new ideas about math. *Psychological Science*, *20*(3), 267–272. Novack, M. A., Congdon, E. L., Hemani-Lopez, N., & Goldin-Meadow, S. (2014). From action to abstraction: Using the hands to learn math. *Psychological Science*, *25*(4), 903–910. doi: 10.1177/0956797613518351. Cook, S. W., Yip, T. K-Y., & Goldin-Meadow, S. (2010). Gesturing makes memories that last. *Journal of Memory and Language*, *63*(4), 465–475.

24. Broaders, S., Cook, S. W., Mitchell, Z., & Goldin-Meadow, S. (2007). Making children gesture brings out implicit knowledge and leads to learning. *Journal of Experimental Psychology: General*, *136*(4), 539–550.

25. On telling children to gesture any way they want and its positive effect on learning an abstract concept, see Beaudoin-Ryan, L., & Goldin-Meadow, S. (2014). Teaching moral reasoning through gesture. *Developmental Science*, *17*(6), 984–990. doi: 10.1111/desc.12180. On explanations helping children learn, see Chi, M. T. H., Bassok, M., Lewis, M. W., Reimann, P., & Glaser, R. (1989). Self-explanations: How students study and use examples in learning to solve problems. *Cognitive Science*, *13*, 145–182.

26. Iverson, J. M., Capirci, O., Longobardi, E., & Caselli, M. C. (1999). Gesturing in mother-child interactions. *Cognitive Development*, *14*, 57–75. Namy, L. L., Acredolo, L., & Goodwyn, S. (2000). Verbal labels and gestural routines in parental communication with young children. *Journal of Nonverbal Behavior*, *24*, 63–79. doi: 10.1023/A:1006601812056. Özçalışkan, Ş., & Dimitrova, N. (2013). How gesture input provides a helping hand to language development. *Seminars in Speech and Language*, *34*(4), 227–236. doi: 10.1055/s-0033–1353447. Rowe, M. L., &

Goldin-Meadow, S. (2009). Differences in early gesture explain SES disparities in child vocabulary size at school entry. *Science*, *323*, 951–953. Salomo, D., & Liszkowski, U. (2013). Sociocultural settings influence the emergence of prelinguistic deictic gestures. *Child Development*, *84*(4), 1296–1307.

27. Cartmill, E. A., Armstrong, B. F., III, Gleitman, L. R., Goldin-Meadow, S., Medina, T. N., & Trueswell, J. C. (2013). Quality of early parent input predicts child vocabulary 3 years later. *Proceedings of the National Academy of Sciences of the United States of America*, *110*(28), 11278–11283. doi: 10.1073/pnas.1309518110.

28. On using gesture to create joint attention and its impact on language learning, see Yu, C., & Smith, L. B. (2013). Joint attention without gaze following: Human infants and their parents coordinate visual attention to objects through eye-hand coordination. *PLOS ONE* *8*(11), e79659. doi: 10.1371/journal.pone.0079659. Tomasello, M., & Farrar, M. (1986). Joint attention and early language. *Child Development*, *57*, 1454–1463. Tomasello, M., & Todd, J. (1983). Joint attention and lexical acquisition style. *First Language*, *4*(12), 197–211. doi: 10.1177/014272378300401202.

29. On learning words more deeply when the words are presented with gesture, see Capone, N. C., & McGregor, K. K. (2005). The effect of semantic representation on toddlers' word retrieval. *Journal of Speech, Language, and Hearing Research*, *48*(6), 1468–1480. doi: 10.1044/1092–4388(2005/102).

30. Mumford, K. H., & Kita, S. (2014). Children use gesture to interpret novel verb meanings. *Child Development*, *85*(3), 1181–1189. doi: 10.1111/cdev.12188.

31. Rowe, M. L., & Leech, K. A. (2018). A parent intervention with a growth mindset approach improves children's early gesture and vocabulary development. *Developmental Science*, *22*(4), e12792. doi: 10.1111/desc.12792.

第 7 章 用手诊疗

1. Sauer, E., Levine, S. C., & Goldin-Meadow, S. (2010). Early gesture predicts language delay in children with pre- and perinatal brain lesions. *Child Development*, *81*, 528–539.

2. On case studies of children with brain injury and gesture, see Dall'Oglio, A. M., Bates, E., Volterra, V., Di Capua, M., & Pezzini, G.

(1994). Early cognition, communication and language in children with focal brain injury. *Developmental Medicine and Child Neurology*, *36*, 1076–1098. On children with brain injury displaying plasticity that adults don't, see Bates, E., & Dick, F. (2002). Language, gesture, and the developing brain. *Developmental Psychobiology*, *40*, 293–310. Feldman, H. M. (2005). Language learning with an injured brain. *Language Learning and Development*, *1*(3–4), 265–288. Levine, S. C., Kraus, R., Alexander, E., Suriyakham, L., & Huttenlocher, P. (2005). IQ decline following early unilateral brain injury: A longitudinal study. *Brain and Cognition*, *59*, 114–123. Reilly, J., Levine, S. C., Nass, R., & Stiles, J. (2008). Brain plasticity: Evidence from children with prenatal brain injury. In J. Reed & J. Warner (eds.), *Child neuropsychology* (pp. 58–91). Oxford, UK: Blackwell. Stiles, J., Reilly, J., Paul, B., & Moses, P. (2005). Cognitive development following early brain injury: Evidence for neural adaptation. *Trends in Cognitive Sciences*, *9*(3), 136–143.

3. On gesture as an indicator for autism, see American Psychiatric Association. (2000). *Diagnostic and statistical manual of mental disorders, 4th edition, text revision*. Washington, DC: American Psychiatric Association. Asperger, H. (1944/1991). "Autistic psychopathy" in childhood. In U. Frith (ed.), *Autism and Asperger syndrome* (pp. 37–92). Cambridge: Cambridge University Press (originally published as Die "autistichen psychopathen" im kindesalter. *Archive für Psychiatrie und Nervenkrankheiten*, *117*, 76–136). Wing, L. (1981). Language, social, and cognitive impairments in autism and severe mental retardation. *Journal of Autism and Developmental Disorders*, *11*, 31–44. On late diagnosis of autism, see Mandell, D., Novak, M. M., & Zubritsky, C. D. (2005). Factors associated with age of diagnosis among children with autism spectrum disorders. *Pediatrics*, *116*, 1480–1486. On the Autism Diagnostic Observation Schedule as the gold standard for evaluating autism, see Lord, C., Risi, S., Lambrecht, L., Cook, E. H., Jr., Leventhal, B. L., DiLavore, P. C., Pickles, A., & Rutter, M. (2000). The Autism Diagnostic Observation Schedule—Generic: A standard measure of social and communication deficits associated with the spectrum of autism. *Journal of Autism and Developmental Disorders*, *30*, 205–223. On failure to point by 12 months as a red flag for autism, see Filipek, P., Accardo, P., Ashwal, S., Baranek, G., Cook, E., Dawson, G., Gordon, B., Gravel, J., Johnson, C., Kallen, R., Levy, S., Minshew, N., Ozonoff, S., Prizant, B., Rapin, I., Rogers, S., Stone, W., Teplin, S., Tuchman, R., & Volkmar, F. (2000). Practice parameter: Screening and diagnosis of autism. *Neurology*, *55*, 468–479.

4. Osterling, J., & Dawson, G. (1994). Early recognition of children with autism: A study of first birthday home videotapes. *Journal of Autism and Developmental Disorders*, *24*, 247–257. Crais, E. R., Watson, L. R., Baranek, G. T., & Reznick, J. S. (2006). Early identification of autism: How early can we go? *Seminars in Speech and Language*, *27*, 143–160. Colgan, S. E., Lanter, E., McComish, C., Watson, L. R., Crais, E. R., & Baranek, G. T. (2006). Analysis of social interaction gestures in infants with autism. *Child Neuropsychology*, *12*, 307–319. Clifford, S. M., & Dissanayake, C. (2008). The early development of joint attention in infants with autistic disorder using home video observations and parental interview. *Journal of Autism and Developmental Disorders*, *38*(5), 791–805. Buitelaar, J. K., van Engeland, H., de Kogel, K. H., de Vries, H.,& van Hooff, J. A. R. A. M. (1991). Differences in the structure of social behavior of autistic children and non-autistic controls. *Journal of Child Psychology and Psychiatry*, *32*(6), 995–1015. Wetherby, A. Yonclas, D. G., & Bryan, A. A. (1989). Communicative profiles of preschool children with handicaps: Implications for early identification. *Journal of Speech and Hearing Disorders*, *54*, 148–158.

5. On younger siblings of children with autism being very likely to be diagnosed as autistic, see Iverson, J. M., Poulos-Hopkins, S., Winder, B., & Wozniak, R. H. (May 2008). Gestures and words in the early communication of infant siblings of children with autism. Poster presented at the International Meeting for Autism Research, London, United Kingdom. On gesture being more informative about diagnosis of autism than words, see Iverson, J. M., Poulos-Hopkins, S., Winder, B., & Wozniak, R. H. (May 2008). Gestures and words in the early communication of infant siblings of children with autism. Poster presented at the International Meeting for Autism Research, London, United Kingdom. Parlade, M. V., & Iverson, J. M. (2015). The development of coordinated communication in infants at heightened risk for autism spectrum disorder. *Journal of Autism and Developmental Disorders*, *45*, 2218–2234.

6. On spontaneous communication not showing a gesture advantage for children with Down syndrome, see Chan, J., & Iacono, T. (2001). Gesture and word production in children with Down syndrome. *AAC: Alternative and Augmentative Communication*, *17*, 73–87. Iverson, J. M., Longobardi, E., & Caselli, M. C. (2003). Relationship between gestures and words in children with Down's syndrome and typically developing children in the early stages of communicative development.

International Journal of Language & Communication Disorders, 38, 179–197. On lab studies showing a gesture advantage for children with Down syndrome, see Caselli, M. C., Vicari, S., Longobardi, E., Lami, L., Pizzoli, C., & Stella, G. (1998). Gestures and words in early development of children with Down syndrome. *Journal of Speech, Language, and Hearing Research, 41*, 1125–1135. Singer Harris, N., Bellugi, U., Bates, E., Jones, W., & Rossen, M. (1997). Contrasting profiles of language development in children with Williams and Down syndromes. *Developmental Neuropsychology, 13*, 345–370. Stefanini, S., Caselli, M. C., & Volterra, V. (2007). Spoken and gestural production in a naming task by young children with Down syndrome. *Brain and Language, 101*, 208–221.

7. On children with Williams syndrome having poor visuo-spatial processing skills but relatively intact facial recognition and some deficiencies in language, see Bellugi, U., Lichtenberger, L., Jones, W., Lai, Z., & St. George, M. (2000). The neurocognitive profile of Williams syndrome: A complex pattern of strengths and weaknesses. *Journal of Cognitive Neuroscience, 12*, 7–30. Karmiloff-Smith, A., Grant, J., Berthoud, I., Davies, M., Howlin, P., & Udwin, O. (1997). Language and Williams syndrome: How intact is "intact"? *Child Development, 68*, 274–290. Rossen, M., Klima, E., Bellugi, U., Bihrle, A., & Jones, W. (1997). Interaction between language and cognition: Evidence from Williams syndrome. In J. H. Beitchman, N. Cohen, M. Konstantareas, & R. Tannock (eds.), *Language, learning and behaviour disorders: Developmental, biological and clinical prospectives* (pp. 367–392). New York: Cambridge University Press. Vicari, S., Carlesimo, G., Brizzolara, D., & Pezzini, G. (1996). Short-term memory in children with Williams syndrome: A reduced contribution of lexical-semantic knowledge to word span. *Neuropsychologia, 34*, 919–925. Stevens, T., & Karmiloff-Smith, A. (1997). Word learning in a special population: Do individuals with Williams syndrome obey lexical constraints? *Journal of Child Language, 24*, 737–765. On children with Williams syndrome using gesture differently from typically developing children on a naming task, see Bello, A., Capirci, O., & Volterra, V. (2004). Lexical production in children with Williams syndrome: Spontaneous use of gesture in a naming task. *Neuropsychologia, 42*, 201–213.

8. On children with specific language impairment having no identifiable intellectual impairments yet not acquiring age-appropriate

language skill, see Leonard, L. B. (1998). *Children with Specific Language Impairment.* Cambridge, MA: MIT Press. On children with specific language impairment compensating for their language deficiencies with gesture, see Evans, J. L., Alibali, M. W., & McNeil, N. M. (2001). Divergence of embodied knowledge and verbal expression: Evidence from gesture and speech in children with specific language impairment. *Language and Cognitive Processes*, *16*, 309–331. Kirk, E., Pine, K. J., & Ryder, N. (2010). I hear what you say but I see what you mean: The role of gestures in children's pragmatic comprehension. *Language and Cognitive Processes*, *26*(2), 149–170. doi: 10.1080/01690961003752348. Mainela Arnold, E., Evans, J. L., & Alibali, M. W. (2006). Understanding conservation delays in children with specific language impairment: Task representations revealed in speech and gesture. *Journal of Speech, Language, and Hearing Research*, *49*, 1267–1279. Iverson, J. M., & Braddock, B. A. (2011). Gesture and motor skill in relation to language in children with language impairment. *Journal of Speech, Language, and Hearing Research*, *54*(1), 72–86. doi: 10.1044/1092-4388(2010/08-0197).

9. On late talkers and gesture, see Klee, T., Pearce, K., & Carson, D. K. (2000). Improving the positive predictive value of screening for developmental language disorder. *Journal of Speech, Language, and Hearing Research*, *43*, 821–833. Rescorla, L. A. (1989). The Language Development Survey: A screening tool for delayed language in toddlers. *Journal of Speech and Hearing Disorders*, *54*, 587–599. Thal, D. J., & Tobias, S. (1992). Communicative gestures in children with delayed onset of oral expressive vocabulary. *Journal of Speech and Hearing Research*, *35*, 1281–1289. Thal, D., Tobias, S., & Morrison, D. (1991). Language and gesture in late talkers: A 1-year follow-up. *Journal of Speech and Hearing Research*, *34*, 604–612.

10. Dimitrova, N., Özçalışkan, Ş., & Adamson, L. B. (2016). Parents' translations of child gesture facilitate word learning in children with autism, Down syndrome and typical development. *Journal of Autism and Developmental Disorders*, *46*(1), 221–231. doi: 10.1007/s10803-015-2566-7. Lorang, W., Sterling, A., & Schroeder, B. (2018). Maternal responsiveness to gesture in children with Down syndrome. *American Journal of Speech Language Pathology*, *27*(3), 1018–1029. doi: 10.1044/2018_AJSLP-17-0138. Leezenbaum, N. B., Campbell, S. B., Butler, D., & Iverson, J. M. (2014). Maternal verbal responses to

communication of infants at low and heightened risk of autism. *Autism, 18*(6), 694–703. doi: 10.1177/1362361313491327.

11. Linn, K., Cifuentes, F. S. V., Eugenin, M. I., Rio, B., Cerda, J., & Lizama, M. (2019). Development of communicative abilities in infants with Down syndrome after systematized training in gestural communication. *Revista Chilena de Pediatria, 90*(2):175–185. doi: 10.32641/rchped.v90i2.670. Özçalışkan, S., Adamson, L. B., Dimitrova, N., Bailey, J., & Schmuck, L. (2016). Baby sign but not spontaneous gesture predicts later vocabulary in children with Down syndrome. *Journal of Child Language, 43*(4), 948–963. doi: 10.1017/S030500091500029X.

12. Özçalışkan, Ş., Adamson, L. B., Dimitrova, N., & Baumann, S. (2018). Do parents model gestures differently when children's gestures differ? *Journal of Autism and Developmental Disorders, 48*, 1492–1507. doi: 10.1007/s10803-017-3411-y.

13. Iverson, J. M., Longobardi, E., Spampinato, K., & Caselli, M. C. (2006). Gesture and speech in maternal input to children with Down's syndrome. *International Journal of Language & Communication Disorders, 41*(3), 235–251. doi: 10.1080/13682820500312151.

14. On simulating interviews in the lab, see Broaders, S., & Goldin-Meadow, S. (2010). Truth is at hand: How gesture adds information during investigative interviews. *Psychological Science, 21*(5), 623–628.

15. On misleading verbal information having continuous effects on children's testimony, see Fivush, R., Hamond, N. R., Harsch, N., & Singer, N. (1991). Content and consistency in young children's autobiographical recall. *Discourse Processes, 14*, 373–388. Loftus, E. F. (2003). Our changeable memories: Legal and practical implications. *Nature Reviews Neuroscience, 4*, 231–234.

16. On an interviewer's preconceptions making their way into the interview, see Ceci, S. J., Hembrooke, H., & Bruck, M. (1997). Children's reports of personal events. In D. Cicchetti & S. L. Toth (eds.), *Developmental perspectives on trauma: Theory, research, and intervention* (pp. 515–534). Rochester Symposium on Developmental Psychopathology 8. Rochester, NY: University of Rochester Press.

17. Philippot, P., Feldman, R., & Coats, E. (2003). The role of nonverbal behavior in clinical settings (pp. 3–13). In Pierre Philippot, Robert S. Feldman, Erik J. Coats, *Nonverbal behavior in clinical settings* (pp. 3–13). New York: Oxford University Press. Foley, G. N., & Gentile, J. P. (2010). Nonverbal communication in psychotherapy. *Psychiatry, 7*(6), 38–44.

第 8 章 用手教学

1. Crowder, E. M. (1996). Gestures at work in sense-making science talk. *Journal of the Learning Sciences*, *5*, 173–208, p. 196.

2. Crowder, E. M., & Newman, D. (1993). Telling what they know: The role of gesture and language in children's science explanations. *Pragmatics and Cognition*, *1*, 341–376, p. 370.

3. Kelly, S. D., Singer, M., Hicks, J., & Goldin-Meadow, S. (2002). A helping hand in assessing children's knowledge: Instructing adults to attend to gesture. *Cognition and Instruction*, *20*, 1–26.

4. Singer, M., Radinsky, J., & Goldman, S. R. (2008). The role of gesture in meaning construction. *Discourse Processes*, *45*(4), 365–386, pp. 366–367, p. 377.

5. Goldin-Meadow, S., & Singer, M. A. (2003). From children's hands to adults' ears: Gesture's role in the learning process. *Developmental Psychology*, *39*(3), 509–520, p. 516.

6. Cook, S. W., & Goldin-Meadow, S. (2006). The role of gesture in learning: Do children use their hands to change their minds? *Journal of Cognition and Development*, *7*, 211–232.

7. On encouraging mathematics teachers to present ideas through a variety of representations, see National Council of Teachers of Mathematics (NCTM). (1989). *Curriculum and evaluation standards for school mathematics*. Reston, VA: NCTM. Shavelson, R. J., Webb, N. M., Stasz, C., & McArthur, D. (1988). Teaching mathematical problem solving: Insights from teachers and tutors. In R. I. Charles & E. A. Silver (eds.), *The teaching and assessing of mathematical problem solving* (pp. 203–231). Reston, VA: NCTM. On teachers in nonmath classrooms using gesture to augment their speech, see Neill, S., & Caswell, C. (1993). *Body language for competent teachers*. London: Routledge., p. 113.

8. On the effectiveness of visual information when it's timed with spoken information, see Baggett, P. (1984). Role of temporal overlap of visual and auditory material in forming dual media associations. *Journal of Educational Psychology*, *76*, 408–417. Mayer, R. E., & Anderson, R. B. (1991). Animations need narrations: An experimental test of a dual-coding hypothesis. *Journal of Educational Psychology*, *83*, 484–490.

9. Goldin-Meadow, S., Kim, S., & Singer, M. (1999). What the teacher's hands tell the student's mind about math. *Journal of Educational Psychology*, *91*, 720–730.

10. On gesture being used in talk about a variety of topics taught in schools, see Graham, T. A. (1999). The role of gesture in children's learning to count. *Journal of Experimental Child Psychology*, *74*, 333–355. Alibali, M. W., & Goldin-Meadow, S. (1993). Gesture-speech mismatch and mechanisms of learning: What the hands reveal about a child's state of mind. *Cognitive Psychology*, *25*, 468–523. Perry, M., Church, R. B., & Goldin-Meadow, S. (1988). Transitional knowledge in the acquisition of concepts. *Cognitive Development*, *3*, 359–400. Stone, A., Webb, R., & Mahootian, S. (1992). The generality of gesture-speech mismatch as an index of transitional knowledge: Evidence from a control-of-variables task. *Cognitive Development*, *6*, 301–313. Perry, M., & Elder, A. D. (1997). Knowledge in transition: Adults' developing understanding of a principle of physical causality. *Cognitive Development*, *12*, 131–157. Alibali, M. W., Bassok, M., Solomon, K. O., Syc, S. E., & Goldin-Meadow, S. (1999). Illuminating mental representations through speech and gesture. *Psychological Sciences*, *10*, 327–333. On gesture grounding speech in the world of objects and actions, see Glenberg, A. M., & Robertson, D. A. (2000). Symbol grounding and meaning: A comparison of high-dimensional and embodied theories of meaning. *Journal of Memory and Language*, *43*, 379–401. On gesture being used in classrooms, see Crowder, E. M., & Newman, D. (1993). Telling what they know: The role of gesture and language in children's science explanations. *Pragmatics and Cognition*, *1*, 341–376. Flevares, L. M., & Perry, M. (2001). How many do you see? The use of nonspoken representations in first-grade mathematics lessons. *Journal of Educational Psychology*, *93*, 330–345. Neill, S. (1991). *Classroom nonverbal communication*. London: Routledge. Roth, W.-M., & Welzel, M. (2001). From activity to gestures and scientific language. *Journal of Research in Science Teaching*, *38*, 103–136. Zukow-Goldring, P., Romo, L., & Duncan, K. R. (1994). Gestures speak louder than words: Achieving consensus in Latino classrooms. In A. Alvarez & P. del Rio (eds.), *Education as cultural construction: Exploration in socio-cultural studies*, Vol. 4 (pp. 227–239). Madrid: Fundacio Infancia y Aprendizage. On experienced teachers being likely to use gesture, see Neill, S., & Caswell, C. (1993). *Body language for competent teachers*. London: Routledge.

11. Flevares, L. M., & Perry, M. (2001). How many do you see? The use of nonspoken representations in first-grade mathematics lessons. *Journal of Educational Psychology*, *93*, 330–345, p. 340.

12. Goldin-Meadow, S., & Singer, M. A. (2003). From children's hands to adults' ears: Gesture's role in the learning process. *Developmental Psychology*, *39*(3), 509–520, p. 517.

13. On the Trends in International Mathematics and Science Study, see Hiebert, J., Gallimore, R., Garnier, H., Givvin, K. B., Hollingsworth, H., Jacobs, J., Chui, A. M.-Y., Wearne, D., Smith, M., Kersting, N., Manaster, A., Tseng, E., Etterbeek, W., Manaster, C., Gonzales, P., & Stigler, J. (2003). Teaching mathematics in seven countries: Results from the TIMSS 1999 Video Study (NCES 2003-013). Washington, DC: US Department of Education, NCES. On teachers in the United States not using gesture as effectively as teachers in Hong Kong and Japan, see Richland, L. E., Zur, O., & Holyoak, K. (2007). Cognitive supports for analogies in the mathematics classroom. *Science*, *316*, 1128–1129.

14. On helping children from disadvantaged homes with gesture, see Tank, S., Pantelic, J., Sansone, J., Yun, Y. E., Alonzo, Y., Koumoutsakis, T., & Church, R. B. (March 2019). The effect of gesture on math learning in conjunction with effects of parental education level on math learning. Poster presented as part of the 2019 Biennial Meeting Society for Research in Child Development (SRCD) Conference, Baltimore, Maryland.

第 9 章 如果手势与语言同等重要，会发生什么？

1. Gentner, D., Özyürek, A., Gurcanli, O., & Goldin-Meadow, S. (2013). Spatial language facilitates spatial cognition: Evidence from children who lack language input. *Cognition*, *127*(3), 318–330.

2. Loewenstein, J., & Gentner, D. (2005). Relational language and the development of relational mapping. *Cognitive Psychology*, *50*, 315–353.

3. Broaders, S., Cook, S. W., Mitchell, Z., & Goldin-Meadow, S. (2007). Making children gesture brings out implicit knowledge and leads to learning. *Journal of Experimental Psychology: General*, *136*(4), 539–550. Beaudoin-Ryan, L., & Goldin-Meadow, S. (2014). Teaching moral reasoning through gesture. *Developmental Science*, *17*(6), 984–990. doi: 10.1111/desc.12180.

4. On legal interactions structured through talk, see Philips, S. U. (1985). Interaction structured through talk and interaction structured through "silence." In D. Tannen & M. Saville-Troike (eds.), *Perspectives*

on silence (pp. 205–213). Norwood, NJ: Ablex Publishing Corporation, p. 206.

5. On interviewers and leading questions, see Ceci, S. J. (1995). False beliefs: Some developmental and clinical considerations. In D. L. Schacter (ed.), *Memory distortion: How minds, brains, and societies reconstruct the past* (pp. 91–125). Cambridge, MA: Harvard University Press.

6. On listeners relying on cues from the lips and the hands to process language, see Skipper, J. I., Nusbaum, H. C., & Small, S. L. (2005). Listening to talking faces: Motor cortical activation during speech perception. *Neuroimage*, *25*(1), 76–89. doi: 10.1016/j.neuroimage.2004.11.006. Skipper, J. I., Goldin-Meadow, S., Nusbaum, H., & Small, S. (2009). Gestures orchestrate brain networks for language understanding. *Current Biology*, *19*(8), 661–667. doi: 10.1016/j.cub.2009.02.051. On using all cues available to deaf children, see Friedner, M. (2021). *Sensory futures: Deafness and cochlear implant infrastructures in India*. Minneapolis: University of Minnesota Press.

7. On gesture leveling the playing field for children from disadvantaged homes, see Tank, S., Pantelic, J., Sansone, J., Yun, Y. E., Alonzo, Y., Sansone, J., Pantelic, J., Koumoutsakis, T., & Church, R. B. (March 2019). The effect of gesture on math learning in conjunction with effects of parental education level on math learning. Poster presented as part of the 2019 Biennial Meeting Society for Research in Child Development (SRCD) Conference, Baltimore, Maryland. On Khan Academy, and online learning platform, see "Khan Academy," Wikipedia, https://en.wikipedia.org/wiki/Khan_Academy.